Quick Guide

Quick Guides liefern schnell erschließbares, kompaktes und umsetzungsorientiertes Wissen. Leser erhalten mit den Quick Guides verlässliche Fachinformationen, um mitreden, fundiert entscheiden und direkt handeln zu können.

Weitere Bände in der Reihe http://www.springer.com/series/15709

Frank Deges

Quick Guide Domainmanagement

Wie Sie optimale Domainnamen finden und effektiv nutzen

Frank Deges
Europäische Fachhochschule Rhein/Erft GmbH
Brühl, Deutschland

ISSN 2662-9240　　　　　　　ISSN 2662-9259 (electronic)
Quick Guide
ISBN 978-3-658-29598-1　　　ISBN 978-3-658-29599-8 (eBook)
https://doi.org/10.1007/978-3-658-29599-8

Die Deutsche Nationalbibliothek verzeichnet diese Publikation in der Deutschen Nationalbibliografie; detaillierte bibliografische Daten sind im Internet über http://dnb.d-nb.de abrufbar.

Springer Gabler
© Der/die Herausgeber bzw. der/die Autor(en), exklusiv lizenziert durch Springer Fachmedien Wiesbaden GmbH, ein Teil von Springer Nature 2020
Das Werk einschließlich aller seiner Teile ist urheberrechtlich geschützt. Jede Verwertung, die nicht ausdrücklich vom Urheberrechtsgesetz zugelassen ist, bedarf der vorherigen Zustimmung des Verlags. Das gilt insbesondere für Vervielfältigungen, Bearbeitungen, Übersetzungen, Mikroverfilmungen und die Einspeicherung und Verarbeitung in elektronischen Systemen.
Die Wiedergabe von allgemein beschreibenden Bezeichnungen, Marken, Unternehmensnamen etc. in diesem Werk bedeutet nicht, dass diese frei durch jedermann benutzt werden dürfen. Die Berechtigung zur Benutzung unterliegt, auch ohne gesonderten Hinweis hierzu, den Regeln des Markenrechts. Die Rechte des jeweiligen Zeicheninhabers sind zu beachten.
Der Verlag, die Autoren und die Herausgeber gehen davon aus, dass die Angaben und Informationen in diesem Werk zum Zeitpunkt der Veröffentlichung vollständig und korrekt sind. Weder der Verlag, noch die Autoren oder die Herausgeber übernehmen, ausdrücklich oder implizit, Gewähr für den Inhalt des Werkes, etwaige Fehler oder Äußerungen. Der Verlag bleibt im Hinblick auf geografische Zuordnungen und Gebietsbezeichnungen in veröffentlichten Karten und Institutionsadressen neutral.

Springer Gabler ist ein Imprint der eingetragenen Gesellschaft Springer Fachmedien Wiesbaden GmbH und ist ein Teil von Springer Nature.
Die Anschrift der Gesellschaft ist: Abraham-Lincoln-Str. 46, 65189 Wiesbaden, Germany

Vorwort

Die Domain ist die Adresse, unter der die Website oder der Onlineshop eines Unternehmens im Internet zu finden ist. Sie ist ein integraler Bestandteil der Information, Kommunikation und Interaktion in der Onlinewelt. Als Wegweiser leitet sie den Informationssuchenden zu den gewünschten Onlinepräsenzen und ist idealerweise prägnant auf die Zielgruppe und das Produkt- und Leistungsangebot ausgerichtet. Jeder Domainname kann nur einmal in seiner individuellen Namenskonvention registriert werden. Dies garantiert zwar auf der einen Seite die Einzigartigkeit und Unverwechselbarkeit des Domainnamens im World Wide Web, auf der anderen Seite steht diese technisch unabdingbare Restriktion aber auch für eine große Herausforderung. Bei der Namensfindung für neue Unternehmen, Marken, Produkte und Dienstleistungen sind die Gestaltungsmöglichkeiten durch die Vielzahl bereits registrierter Domainnamen mittlerweile massiv eingeschränkt. Die Kreation von Domainnamen ist eine langfristige Entscheidung. Eine Namensänderung ist nach einer erfolgreichen Etablierung des Unternehmens oder seiner Marke mit einem hohen Aufwand verbunden.

Dieses Buch vermittelt in kompakter Form die konzeptionellen, inhaltlichen, rechtlichen und technischen Grundlagen, um das Domainmanagement im Unternehmen bei einem über die Jahre vielfach stark gewachsenen Domainbestand effektiv und effizient zu steuern. Die vielschichtigen, für das Domainmanagement und für die Gestaltung von

Domainnamen relevanten Aspekte werden in verständlichen Handlungsempfehlungen zusammenführt. Beispiele und Best Practices illustrieren die Facetten, die es strategisch und operativ-administrativ zu berücksichtigen gilt. Studien und Statistiken visualisieren mit aktuellen Zahlen die zentrale Bedeutung des Domainmanagements.

Der Quick Guide Domainmanagement adressiert im E-Commerce etablierte Unternehmen, die einen fundiert-komprimierten Wissensüberblick wünschen, um ihr bestehendes Domainmanagement optimal auszurichten und ihre Namensfindungsprozesse zielorientiert zu führen. Aber auch Unternehmensgründer und Gründungswillige finden Hilfestellungen und Anregungen für die Gestaltung von prägnanten Domainnamen. Studierende aus den Fachrichtungen E-Commerce, Onlinemarketing und Internet Entrepreneurship können ihr in Grundlagenveranstaltungen erworbenes Orientierungswissen vertiefen.

Mein besonderer Dank gilt Frau Imke Sander vom Springer Gabler Verlag für die stets engagierte, freundliche und wertvolle Unterstützung sowie die konstruktive und angenehme Zusammenarbeit bei diesem, nun schon dritten gemeinsamen Buchprojekt.

Köln, Deutschland Frank Deges
Februar 2020

Inhaltsverzeichnis

1 **Die Bedeutung von Domains im Internet**   1
    1.1   Funktion und Nutzen von Domains für Internetnutzer   2
    1.2   Funktion und Nutzen von Domains für Websitebetreiber   7
    1.3   Regulatorische und administrative Organisationen der Domain Name Industry   10
    Literatur   14

2 **Der Aufbau von Domains**   17
    2.1   Top-Level Domains   18
       2.1.1   Länderspezifische Top-Level Domains   20
       2.1.2   Generische Top-Level Domains   24
       2.1.3   Neue Top-Level Domains   27
    2.2   Second-Level Domains   30
    2.3   Subdomains und Third-Level Domains   32
    2.4   Die globale Verbreitung von Domains   35
    Literatur   37

3 **Die Arten von Domainnamen**   41
    3.1   Personen- und Familienname   42
    3.2   Unternehmens- und Markenname   44

	3.3	Gattungsbegriffe und beschreibende Namen	47
	3.4	Kunst- und Fantasienamen	49
	Literatur		54

4 Rechtliche Regelungen: Domainrecht — 57
4.1 Domains und Namensrecht — 61
4.2 Domains und Markenrecht — 63
4.3 Domains und Wettbewerbsrecht — 65
Literatur — 67

5 Die Kreation von Domainnamen — 69
5.1 Der Namensfindungsprozess — 70
    5.1.1 Anforderungen und Gestaltungsparameter — 73
    5.1.2 Vorgaben und Restriktionen der Domain Name Registries — 79
5.2 Kreativitätstechniken und Tools für die Namenskreation — 82
5.3 Methodiken der Tauglichkeitsprüfung von Domainnamen — 84
Literatur — 88

6 Die Registrierung von Domains — 91
6.1 WHOIS-Recherche in Domaindatenbanken — 92
6.2 Ablauf und Durchführung der Domainregistrierung — 94
6.3 Konnektierung der Domains — 97
6.4 Löschung von Domains und Neuregistrierung — 99
Literatur — 102

7 Der Erwerb von Domains: Domainhandel — 103
7.1 Der monetäre Wert von Domains — 104
7.2 Direkter Kauf und Verkauf registrierter Domains — 108

	7.3	Die Monetarisierung von Domains in Insolvenzverfahren	112
	7.4	Plattformen für den Domainhandel	114
	Literatur		118
8	**Das Management von Domains**		**121**
	8.1	Strategisches Domainmanagement	122
	8.2	Domainstrategien der Internationalisierung	125
	8.3	Operatives Domainmanagement	128
	Literatur		133

Fazit und Ausblick   135

1

Die Bedeutung von Domains im Internet

> **Was Sie aus diesem Kapitel mitnehmen**
> - Wie über IP-Adressen und Domains Onlinepräsenzen im Internet adressiert und lokalisiert werden
> - Welche Vorteile die beschreibende Domainadressierung für den Internetnutzer darstellt
> - Welche Bedeutung prägnante und einprägsame Domainnamen für den Websitebetreiber haben
> - Wie das Domain Name System weltweit strukturiert ist und funktioniert
> - Welche Organisationen und Institutionen den regulatorischen Rahmen für die Registrierung und Administration von Domains gestalten

Das **World Wide Web** umfasst eine schier unermesslich große Vielzahl und Vielfalt an Onlinepräsenzen. Und sekündlich erweitert sich dieses Spektrum weltweit durch die Go-Live-Schaltung von immer neuen **Websites**. Das Internet ist ein grenzenloser Raum für die unlimitierte Aufnahme neuer Onlineangebote und Onlinedienste. Alle benötigen Adressen in Form von eindeutig zugeordneten Domainnamen, welche die

Onlinepräsenzen mit einer unverwechselbaren Namenskonvention lokalisieren und dafür sorgen, dass Internetnutzer die Angebote der Websitebetreiber in der Präsentationsdichte des Internets finden. Je mehr Domains registriert sind, umso eingeschränkter werden die Möglichkeiten der Gestaltung eines attraktiven Domainnamens, welcher noch nicht von einem Dritten belegt und somit von den **Domain Name Registries** noch vergeben werden kann. Funktion und Nutzen von Domains sind in den folgenden Abschnitten sowohl aus Sicht der Internetnutzer (Abschn. 1.1) wie auch aus Sicht der Websitebetreiber (Abschn. 1.2) dargestellt. Internationale und nationale Organisationen und Institutionen stellen sicher, dass das **Domain Name System** auf globaler Ebene funktioniert. Deren regulatorische und administrative Aufgaben sind in Abschn. 1.3 erläutert.

1.1 Funktion und Nutzen von Domains für Internetnutzer

Weltweit nutzten 2019 knapp über 4,38 Mrd. Menschen das Internet, bei 7,67 Mrd. Erdbewohnern ist mit 57 % mehr als die Hälfte der Weltbevölkerung online (Global Digital Report 2019). Diese navigieren durch das **World Wide Web** (WWW), indem sie ihre Zielseiten über die direkte Eingabe von Webadressen ansteuern oder **Hyperlinks** auf Websites, beispielsweise in den Trefferlisten der **Suchmaschinen** und in **Social Media** folgen, um zu kommunizieren, Informationen abzurufen, Onlinekäufe auszulösen, Urlaubsreisen zu buchen oder Finanztransaktionen durchzuführen. Die weltweite Identifizierung und Lokalisierung von Onlinediensten erfolgt technisch über eine **IP(Internet Protocol)-Adresse** als mehrstellige Zahlen- und Zeichenfolge. Das **Internet Protocol** ist die Basis jedweder Kommunikation und Interaktion im Internet. Jedem mit dem Internet verbundenen **Webserver** (auf dem Websites abgelegt und gehostet werden) und Endgerät (dem **Device**, mit dem die Nutzer mobil oder standortgebunden auf das World Wide Web zugreifen) ist eine individuelle, einzig ihm zugeordnete IP-Adresse zugewiesen. Durch sie ist jeder in der Internet-Infrastruktur integrierte Rechner eindeutig und unverwechselbar gekennzeichnet (Fritz 2001, S. 32). Über die IP-Adressen identifizieren sich der informationsbereitstellende und der informationsabrufende Rechner gegenseitig und stellen eine Verbindung her (Wurster 2001). Eine klassische IP-Adresse besteht aus vier Bytes, daraus leitet sich der Name Internet Protocol Version 4 (**IPv4**) ab. Jedes Byte wird durch eine Dezimalzahl dargestellt, die Werte von 0 bis 255 annehmen kann (Fraas et al. 2012, S. 212). Die Bytes sind jeweils durch einen Punkt voneinander getrennt, wie dies als Beispiel die **IPv4-Adresse** des Springer Verlages (195.128.8.134) illustriert. Die IPv4-Systematik stammt aus den 1980er-Jahren und ermöglicht circa 4 Milliarden IP-Adressen (DENIC 2019). Diese nur 32 Bit langen Adressen verknappen mit der exponentiellen Ausbreitung des Internets immer schneller den zur Verfügung stehenden Adressraum. Aus diesem Grund wurde 1998 von der **Internet Engineering Task Force** (IETF) eine neue Version des Internet Protocols (**IPv6**) entwickelt. Nach diesem Modell stehen für die IP-Adresse nicht mehr vier, sondern 16 Byte zur Verfügung, was eine 128 Bit lange Adresse ermöglicht und die technische Variation der Adressierung von Onlinediensten massiv erweiterte (DENIC 2019).

Aus Nutzerperspektive ist der Aufruf von Websites über die Eingabe von kryptischen IP-Adressen alles andere als nutzerfreundlich und wenig praktikabel (Kollmann 2009, S. 307). Zum einem lässt sich aus der reinen Kenntnis der IP-Adresse keinerlei Hinweis auf das dahinterliegende Inhaltsangebot ableiten. Zudem ist die Eingabe einer komplexen numerischen Zahlen- und Zeichenfolge fehleranfälliger als die Eingabe eines beschreibenden Namens, der sich ohnehin dem Internetnutzer leichter einprägt. Um die Identifikation und Lokalisierung von Webdiensten zu vereinfachen, entwickelte das Technologieunternehmen Sun Microsystems in den frühen 1980er-Jahren das **Domain Name System** (DNS) als einen nach einem einheitlichen Prinzip aufgebauten Verzeichnisdienst, mittels dessen eine Zuordnung von beschreibenden Namen zu IP-Adressen möglich ist (Heinzmann 2000, S. 66; Kollmann 2013, S. 229). Damit entstand eine weltweit eindeutige Namensstruktur, die jedem an das Internet angeschlossenen Rechner einen hierarchisch auflösbaren Namen zuweist (Fritz 2001, S. 32).

> **DNS-Records**
>
> Aus technischer Sicht verbinden sich zwei Rechner im Internet nicht über ihre Domainnamen, sondern über die IP-Adresse. Das DNS verbindet die in den Browser eingegebene Domain mit der im Verzeichnis dazu hinterlegten IP-Adresse. Damit im System einer Domain die ihr entsprechende IP-Adresse zugeordnet werden kann, muss in den Datenbanken der DNS-Server ein Eintrag der IP-Adresse (**DNS-Record**) gefunden werden (IONOS 2019). Ohne Konnektierung mit der Domain kann eine Website über die Domaineingabe nicht aufgerufen werden.

Ebenso wie die IP-Adresse ist somit auch eine Domain eindeutig identifizierbar, da jeder Domainname nur einmal vergeben werden kann. **Domains** fungieren als Adresse einer Website oder allgemeiner als **Webadresse** (Kollmann 2009, S. 306 f.). Sie haben schnell eine überragende Verkehrsgeltung im Internet erlangt, da der durchschnittliche Internetnutzer sich eines numerischen Systems der IP-Adressen kaum bewusst ist, geschweige denn eine IP-Adresse zum direkten Aufruf einer **Website** verwenden würde. Wenn also die Zahlen- und Zeichenfolge in einen verbal-einprägsamen beschreibenden Namen übersetzt ist, so erleichtert dies die Identifizierung und Kennzeichnung des Onlineangebotes erheblich.

> **Merke!**
>
> In der technischen Infrastruktur des Internets ist jeder angeschlossene Rechner über eine numerische IP-Adresse eindeutig identifiziert und über diese Adresse von jedem anderen mit dem Internet verbundenen Rechner ansteuerbar (Kollmann 2009, S. 306 f.). Die Adressierung über eine Domain wäre somit nicht zwingend erforderlich, da sich eine Website auch über die Browsereingabe seiner IP-Adresse ansprechen und aufrufen lässt.

Eine einprägsame wie auch aussagekräftige Domain ist somit die unabdingbare Voraussetzung, dass ein Internetnutzer eine auf sein Suchbedürfnis zielende Website in der Vielzahl der Onlineangebote schnell und einfach finden und aufrufen kann. Das Eingabefeld der Suchleiste im **Webbrowser** ist für den Internetnutzer das **Frontend**, die für ihn sichtbare Funktion als grafische Benutzerschnittstelle, über welche er eine

Internetsuche startet. Die Konnektierung der Domain mit der dazugehörigen Website erfolgt im **Backend** automatisiert über sogenannte **Nameserver**, welche die Domain in die für die Lokalisierung der Website relevante IP-Adresse auflösen und an den Webbrowser übermitteln, damit dieser die aufgerufene Website anzeigen kann.

> **Domainadressierung und IP-Adresse**
>
> Die zentrale Website des Springer Verlages erreicht man entweder über die Webbrowsereingabe www.springer.com oder über die Eingabe der IP-Adresse 195.128.8.134 in die Suchleiste. Probieren Sie es aus! Die eigene sowie die IP-Adresse jedes Drittrechners lassen sich mit einer Informationsabfrage über die Windows Eingabeaufforderung C:\Windows\System32\cmd.exe ermitteln.

Somit ist die Domain der alternative Name für eine IP-Adresse. Aus technischer Sicht bleibt die IP-Adresse das prioritäre Lokalisierungsprinzip. Eine Website kann auch ohne Kenntnis der Domain über ihre IP-Adresse aufgerufen werden. Eine Website kann aber nicht über eine Domain ohne eine mit ihr konnektierte IP-Adresse aufgerufen werden. Die IP-Adresse verweist auf den **Webserver** im Internet, auf dem die Inhalte gespeichert sind. Durch die globale Internet-Infrastruktur ist diese Adresse weltweit abrufbar.

> **Abgrenzung und gängige Verwendung der Begriffe Domain und Domainname**
>
> Als Domain wird immer die Kombination aus einer Top-, Second- und Third-Level Domain bezeichnet. So ist www.springer.com eine der Domains des Springer Verlages. Als eigentlicher Domainname wird üblicherweise die Second-Level Domain bezeichnet, in diesem Beispiel „Springer" als Unternehmensname. Denn eine Second-Level Domain charakterisiert mit dem beschreibenden Namen des Unternehmens, einer Marke oder eines Produktes erst im verständlichen Sinne das Leistungsangebot einer Website. Während die Top-Level Domain (.com) und die Third-Level Domain (www) in ihrer nicht veränderbaren Namenskonvention technisch vorgegeben sind, besteht für die Second-Level Domain ein großer Gestaltungsspielraum in der Kreation des Domainnamens (siehe dazu Abschn. 5.1).

Aus Nutzerperspektive bedeutet eine kurze und leicht zu merkende Domain die Option der Ansteuerung einer Webseite über ein **Type-In** (direkte Eingabe einer Internetadresse in den Webbrowser). Type-Ins aus der im Gedächtnis verankerten Kenntnis der Domain führen zum zielgerichteten Besuch qualifizierter Besucher, meistens sind dies **Bestandskunden**, die häufig die Website aufrufen und für eine hohe **Conversion** (ein Websitebesucher tätigt einen Kauf) stehen (Schrader und Schumacher 2003). Ein zufallsgerichtetes Type-In, indem intuitiv Domainnamen konstruiert werden, bedient die Neugierde auf die Entdeckung von etwas Neuem. Wird beispielsweise die Domain www.schuhe.de in den Webbrowser eingegeben, so erwartet der Suchende hinter der Domain auch ein entsprechendes Angebot (und findet es in diesem Beispiel auch mit einem Onlinemarktplatz für Schuhe).

> **Abgrenzung der Begriffe URL und Domain**
>
> Umgangssprachlich werden die Begriffe URL und Domain oft synonym genutzt. Die URL (**Uniform Resource Locator**) ist die vollständige Quellenbezeichnung des aufgerufenen Informationsangebotes, der Ort, an dem ein bestimmtes Dokument auf einem Server abgelegt ist (Heinzmann 2000, S. 74). Beispiel für eine URL zum Abruf von Informationen über das Management der Otto Group: https://www.otto.de/unternehmen/de/unternehmen/management.php. Der Domainname otto.de ist ein Bestandteil der URL und in diese eingebettet. Die Domain stellt somit den Verweis auf einen Rechner dar, die URL spezifiziert den Pfad der Ablage des bereitgestellten Dokumentes.

Somit kann festgehalten werden, dass die rasante Verbreitung und die heute alltägliche Nutzung des Internets in allen privaten und beruflichen Lebensbereichen ganz wesentlich durch die sehr einfache, bequeme und nutzerfreundliche Identifizierung und Lokalisierung von Websites mit ihrer Adressierung über Domains geprägt ist.

> **Merke!**
>
> Eine Domain ist die Internetadresse einer Website bzw. eines Onlinedienstes. Jede Domain kann weltweit nur einmal vergeben werden, um eine eindeutige und unverwechselbare Adressierung über die Ansteuerung seiner individuellen IP-Adresse sicherzustellen.

1.2 Funktion und Nutzen von Domains für Websitebetreiber

Alle Onlinepräsenzen des Unternehmens benötigen eine **Webadresse** mit einem aussagekräftigen und repräsentativen Domainnamen. Dies kann der Firmen-, Marken-, Produkt- oder ein Kunstname sein, der als **Second-Level Domain** das Unternehmen und sein Produkt- und Leistungsangebot kennzeichnet und mit einer länderspezifischen oder generischen Domainendung als **Top-Level Domain** versehen ist. Für jedes neu zu gründende Unternehmen, für jede neu konzipierte Marke, für jede Produktneueinführung ist die Registrierung der namensidentischen Domains essenziell, um **Marken** und **Produkte** auch über marken- und produktspezifische Websites zu präsentieren. Daneben umfasst die Domainadressierung weitere Webauftritte wie eine zentrale **Corporate Website**, Blogs, Servicepages, Landingpages für Marketingkampagnen, **Onlineshops** und Social Media. Die Domain ist somit integraler Bestandteil eines jeden Webauftrittes, dieser hat per se eine globale Präsenz, auch wenn der Anbieter mit einer .de-Endung den deutschen Absatzmarkt adressiert und sich mit der Beschränkung des Versandes auf den deutschsprachigen Raum nicht als globales Unternehmen definiert (Samland 2001).

Domainnamen sind ein wichtiger Baustein der **Marketingstrategie** der Unternehmen, insbesondere für die Vermarktung ihres Onlineangebotes über Onlineshops und Onlinemarktplätze. Marketingaktivitäten zielen darauf ab, den Domainnamen bekannt zu machen, um damit die **Besucherfrequenz** zu steigern und über Neukundengewinnung und Bestandskundenbindung Umsätze zu generieren. Denn die Domain hat einen hohen Werbe- und Marktwert, wenn es sich um eine Adresse handelt, die einem prominenten Namen mit hohem Bekanntheitsgrad entspricht und oft aufgerufen wird (Wurster 2001). Prägen sich **Webadressen,** wie beispielsweise amazon.de, ebay.de und zalando.de, in das Gedächtnis der Zielgruppe ein, so profitieren die Unternehmen von Direktaufrufen ihrer Websites über **Type-Ins**. Der **Bekanntheitsgrad** des Unternehmens wird durch einen einfach zu merkenden Domainnamen enorm gesteigert (Kollmann 2013, S. 159).

Auch in der Kombination von Offline- und Onlinemarketing ist die Domainadressierung eine wichtige Verknüpfung. Domains sind das Bindeglied zwischen Online- und Offlinevermarktung und in vielen Fällen fester Bestandteil der Online- wie auch der klassischen Offline-**Marketingkampagnen** (Beiser 2009). Dies zeigt sich daran, dass bei Print-, Outdoor- und Fernsehwerbung fast immer der Domainname werblich hervorgehoben ist. Auch in Radiospots werden die Domainnamen des Werbers mit einer Aufforderung zum Besuch der Website intonisiert. Die **Zielsetzung** ist bei integrierten bzw. kombinierten Online- und Offline-Werbekampagnen fast immer die gleiche: **Zielgruppen** sollen durch die Bekanntmachung des Domainnamens zum Besuch der Onlinepräsenzen des Werbers animiert werden.

Start-ups als Unternehmensneugründungen sind, solange sie als **Internet Pure Player** ausschließlich den onlinebasierten Vertrieb bedienen, als reine **E-Brands** (Kollmann 2009, S. 306 ff.) zu charakterisieren. Je weniger physische **POS(Point of Sale)**-Präsenz durch ein stationäres **Filialnetz** aufgebaut wurde, umso wichtiger ist die schnelle und einfache Auffindbarkeit im World Wide Web. In der Domainadressierung ist jedes Unternehmen, jede Marke und jedes Produkt auf eine reine Buchstaben-, Zeichen- oder Zahlenfolge reduziert, bei der grafische Gestaltungselemente in Bezug auf die Webbrowsereingabe der Domain keine Bedeutung haben. Daher spielt weniger die typografische als eine verbalstimmige **Internettauglichkeit** eines Namens eine bedeutende Rolle (Samland 2001). E-Brands erfüllen für die Zielgruppe wichtige Funktionen. Dabei geht es um Orientierung, Vertrauen, Identifikation und Risikoreduktion (Kollmann 2009, S. 310; 2013, S. 231). Bei reinen Onlineangeboten ist die Domain der „gute Name" des Unternehmens im World Wide Web.

Es bietet sich in vielen Fällen an, den Unternehmensnamen als **Corporate Brand** identisch zur Domain zu bestimmen, da sich auf diese Weise einerseits die Suche des Internetnutzers erleichtert und andererseits die Marketingkosten für das Unternehmen reduzieren. Oftmals gilt daher bei Internet Pure Playern die folgende Gleichung: Unternehmens-/Produktname = Marke = Domain (Kollmann 2009, S. 308). Unternehmen wie eBay, Amazon, Google, Netflix und Alibaba haben sich mit ihren namensgleichen Domainnamen nicht nur als Unternehmen, sondern im Rahmen ihrer internationalen Expansion mit aufmerksamkeitsstarken Marketingkampagnen auch als globale E-Brands etabliert (Kollmann 2009, S. 306). In der **Internetökonomie** haben **Start-ups** nicht mehr die Intention, den Namen der Unternehmensgründer als Marke im Internet aufzubauen. Es würde sich auch umständlich anhören, wenn eBay Omidyar, Facebook Zuckerberg, oder Amazon Bezos als Unternehmens- bzw. Domainnamen gewählt hätten. Da auch als Personengesellschaft gegründete Start-ups, wenn das **Geschäftsmodell** das Potenzial eines exponentiellen Wachstums bietet, schnell zur Aktiengesellschaft umgewandelt werden und an die Börse gehen, ist eine Kontinuität in der Geschäftsführung über mehrere Familiengenerationen auch nicht mehr so gegeben wie im Zeitalter der Industrialisierung. So manche Gründer verlassen das Unternehmen nach erfolgreicher **Marktetablierung** und Firmenexpansion bei einem attraktiven Übernahmeangebot bereits nach wenigen Jahren. Der Unternehmensname als Domain repräsentiert somit idealerweise nicht den Gründer, sondern die Marke und die damit bei den Verbrauchern ausgelösten Assoziationen an ein kundenzentriertes **Produkt- und Leistungsversprechen**. Unternehmens- und Domainnamen, die global vermarktbar sind, bieten nicht nur das Potenzial, dass alle Zielländer unter einer einheitlichen Namenskonvention bedient werden können. Der Wert der Domain als materieller und immaterieller Vermögensgegenstand steigt und **globale Marketingstrategien** können besser auf die Einzel- oder Dachmarke konzentriert werden. Gerade für reine Online-Geschäftsmodelle ist die Namensfindung und der Aufbau einer E-Brand essenziell, denn ein nachhaltiges Ziel ist die **Kundenbindung** mit dem Aufbau, der Etablierung und Ausweitung langfristiger, stabiler Kundenbeziehungen (Kollmann 2013, S. 231).

Über die Jahre sind bei Unternehmen mit einer Vielzahl an Marken, Produkten und Absatzmärkten die **Domainportfolios** beständig gewachsen. Mit der fortlaufenden Neuregistrierung und Administration von Domains gilt es aus der Organisationsperspektive ein **Domainmanagement** zu implementieren. Dessen strategische wie auch operative Komponente ist in Kap. 8 thematisiert.

1.3 Regulatorische und administrative Organisationen der Domain Name Industry

In seiner Globalität und Offenheit ist das Internet als Gesamtkonstrukt nicht durch eine zentrale Verwaltung geführt (Fritz 2001, S. 30), auch die globale Steuerung des Domainnamensraums unterliegt nicht der Alleinverantwortung einer einzigen Institution. Bedingt durch die dezentrale Struktur des Internets und seiner Dienste haben sich über die Jahre internationale und nationale Organisationen gebildet, die die regulatorischen Rahmenbedingungen für die Vergabe von Top-Level Domains vorgeben sowie die Registrierung und Nutzung von Second-Level Domains administrieren und steuern.

Auf globaler Ebene ist die **ICANN** (Internet Corporation for Assigned Names and Numbers) als Non-Profit-Organisation mit Sitz in Los Angeles (Kalifornien, USA) verantwortlich für das Gesamtsystem der Domain Names. Zentrales Organ ist das aus 20 Mitgliedern sich zusammensetzende ICANN Board of Directors (ICANN 2020). Die Aufgaben der ICANN sind die Steuerung und Weiterentwicklung des Systems der generischen Top-Level Domains, die Koordination des zentralen **Domain Name System** (DNS) und die Verwaltung der zentralen **Rootzone** mit dem Management der Root-Nameserver. Die ebenfalls der ICANN angegliederte Zuteilung der IP-Adressen wird auch als **IANA-Funktion** (Internet Assigned Numbers Authority) bezeichnet. Die IANA-Funktion stellt sicher, dass IP-Adressen global eindeutig zugewiesen werden, sodass Webbrowsereingaben dazu führen, dass der richtige Webserver adressiert wird, um die passende Website auszuliefern (Kemper 2016).

Nachdem die Tätigkeiten der ICANN lange durch die USA dominiert wurden, ist 2016 der Vertrag über die IANA-Funktion mit der **National Telecommunications and Information Administration** (NTIA), einer Unterabteilung des US-Wirtschaftsministeriums, ausgelaufen und nicht mehr verlängert worden. Um die dominante Rolle der USA in der Verwaltung der Internet-Infrastruktur zu reduzieren, wurde für die ICANN ein **Multi-Stakeholder-Modell** initialisiert, in dem die Belange des Internets nicht von Staaten reguliert, sondern von Interessenvertretern

(Stakeholdern) im Konsens entschieden werden (Kemper 2016). Bedeutende ICANN-Organe sind die **Adress Supporting Organization** (ASO) als Interessenvertretung der Regional Internet Registries (RIP), die **Country Code Names Supporting Organization** (ccNSO) als Vertretung der Betreiber der länderspezifischen ccTLDs. Die **Generic Names Supporting Organization** (GNSO) entwickelt Richtlinien und Empfehlungen für die Einrichtung und den Betrieb von generischen Top-Level Domains. Des Weiteren bestehen Advisory Committees, die in der ICANN eine beratende Funktion ausüben (ICANN 2015). Basis für die globale Verfügbarkeit des Internets sind allgemeingültige weltweit einheitliche Standards, Richtlinien und Protokolle, ohne die eine dezentrale Infrastruktur, die faktisch niemandem gehört, nicht funktionsfähig ist. Alle Unternehmen, Organisationen und Institutionen müssen sich dieser Standards bedienen, wenn sie Leistungen und Dienste über das Internet bereitstellen und verwalten. Basis für die Domainverwaltung sind die **RFC(Request for Comments)-Protokollrahmenwerke**, die insbesondere für die Einrichtung, Steuerung und Verwaltung von IP-Adressen ein wichtiges Standardisierungselement darstellen. So regeln beispielsweise RFCs die Domain Name System Structure and Delegation (Postel 1994). Der Internetstandard **IDNA (Internationalizing Domain Names in Applications)** gibt den Rahmen für die Nutzung von Umlaut-und Sonderzeichen, insbesondere den Schriftzeichen aus nichtlateinischen Alphabeten vor.

Die ICANN administriert die Domainnamensvergabe unter den Top-Level Domains nicht selber, sie akkreditiert Institutionen, an die sie die Registrierung und Verwaltung sowie den technischen Betrieb der Server und Datenbanken für jede Top-Level Domain delegiert, diese werden **Domain Name Registries** genannt. Während die generischen Top-Level Domains (gTLDs) von internationalen Organisationen verwaltet werden, ist die Vergabe von länderspezifischen Domains (ccTLDs) hoheitliche Aufgabe der Länder (Heinzmann 2000, S. 68). Die Regeln für die Namensregistrierung unterhalb der ccTLDs legen sogenannte NICs (**Network Information Center**) fest, die auch die zentrale Netzwerkverwaltung verantworten (Fritz 2001, S. 30). In Deutschland ist die **DENIC eG** (Deutsches Network Information Center) die hoheitliche

Registrierungsstelle (Domain Name Registry), während für .eu-Domainnamen die EURid als Domain Name Registry zuständig ist.

> **Die deutsche Domainregistrierungsstelle DENIC eG**
>
> Die .de-Domain wurde am 5. November 1986 freigeschaltet. Seit 1997 obliegt die Registrierung und Administration aller Second-Level.de Domains der DENIC eG (www.denic.de), die zu diesem Geschäftszweck 1996 gegründet wurde. Die DENIC eG ist eine unabhängige, nicht gewinnorientierte Genossenschaft mit Sitz in Frankfurt am Main. Ihre Aufgaben sind der Betrieb des onlinebasierten Registrierungssystems und der damit verbundenen Domaindatenbank sowie der Betrieb und die Überwachung von Nameservern für die .de- und die deutsche ENUM-Zone. Sie bietet Informations-, Schulungs- und Beratungsleistungen für ihre Mitglieder und vertritt die Interessen der .de-Domain in internationalen und nationalen Gremien.

Genossenschaftsmitglieder der DENIC eG sind Internet Service Provider und Domaindienstleister, die ihrerseits als von der DENIC eG akkreditierte **Domain Name Registrare** für .de-Domains auftreten. Als solche können sie im Kundenauftrag Domains direkt registrieren, was in den meisten Fällen den gängigen Weg einer Registrierung darstellt. Derjenige, der als Domaininhaber in die Datenbank eingetragen wird, wird als **Registrant** bezeichnet. Domain Name Registrare können auch von der ICANN für die durch die ICANN gesteuerten generischen TLDs akkreditiert sein. Ein Internet Service Provider muss nicht zwingend für Domainregistrierungen zuerst von der zuständigen Domain Name Registry akkreditiert werden. Er kann auch mit akkreditierten Domain Name Registraren kooperieren und zusammenarbeiten.

Eine **Regional Internet Registry** (RIR) ist eine regional mit der Verwaltung und Zuteilung von Internetressourcen betraute Organisation. Die Zuständigkeit umfasst die Verwaltung von IP-Adressen (IPv4 und IPv6). Der IP-Adressraum wird derzeit von fünf Organisationen verwaltet: Europa: **RIPE NCC** (Réseaux IP Européens Network Coordination Centre) in Amsterdam, Afrika: **AfriNIC** (African Network Information Centre) mit Sitz auf Mauritius, Nordamerika: **ARIN** (American Registry for Internet Numbers) in Virginia, USA, Asien: **APNIC** (Asia-Pacific Network Information Centre) in Brisbane, Australien und Südamerika/

1 Die Bedeutung von Domains im Internet

Karibik: **LACNIC** (Latin American and Caribbean Internet Addresses Registry) in Montevideo, Uruguay. Die RIRs erhalten über die IANA-Funktion IP-Adressbereiche zugeteilt. Aus diesen weisen sie Blöcke von IP-Adressen den **Local Internet Registries** (LIR) zu, die nun wiederum in ihren jeweiligen Regionen ihren Endkunden IP-Adressen zuweisen. Local Internet Registries sind meist **Internet Service Provider**. Falls IP-Adressen für den Zugang zum Internet benötigt werden, so erhält man diese in der Regel vom Internet Service Provider, sofern er zu den akkreditierten Local Internet Registries (LIR) gehört. Die Verknüpfung zwischen .de-Domains und den IP-Adressen stellt die DENIC eG dadurch her, dass die Domains in den DENIC-Nameservern eingetragen werden (DENIC 2020). Abb. 1.1 stellt die regulatorischen und administrativen Organisationen und Institutionen nochmals in einer zusammenfassenden Grafik dar.

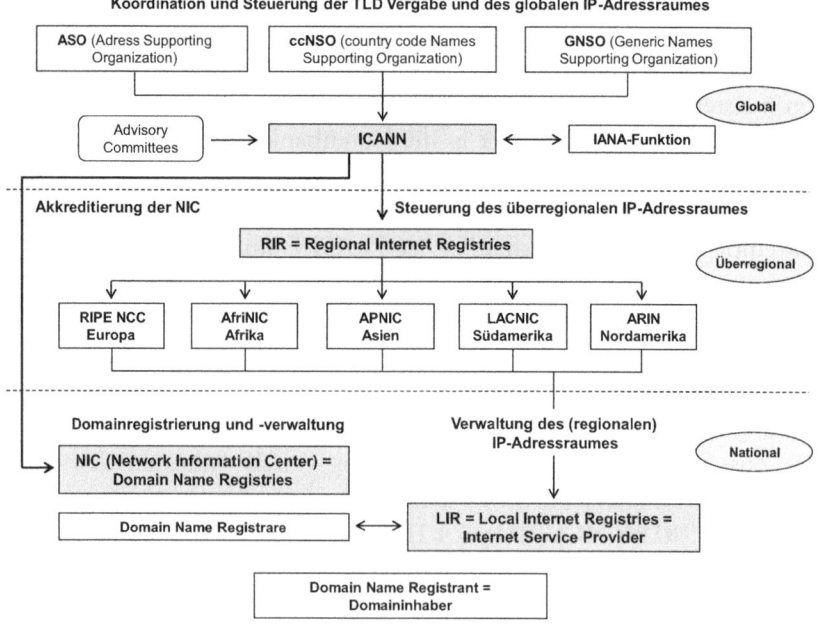

Abb. 1.1 Organisationen und Institutionen der Domain Name Industry (Eigene Darstellung)

Die **Domain Name Industry** ist ein sich selbst tragender Wirtschaftszweig. Die Domain Name Registries stehen untereinander im Wettbewerb, auch wenn sie eine **Monopolstellung** für die durch sie verantwortete Top-Level Domain innehaben. Es geht um die Bewerbung der Attraktivität ihrer Top-Level Domain und die Generierung möglichst vieler Registrierungen. Auch die **Domain Name Registrare** erstreben in ihrem wettbewerbsintensiven Umfeld mit günstigen Preisen und hochwertigem Service Kunden zu gewinnen und an sich zu binden. Auch wenn die Domain Name Registries häufig als **Non-Profit-Organisation** geführt werden, so sind die den Geschäftsbetrieb sichernden Einnahmen eine relevante ökonomische Komponente. Dafür muss die Registrierung der TLDs attraktiv und einfach gestaltet sein, schließlich finanzieren sich die Registries durch die Registrierungsgebühren, die laufenden Gebührenzahlungen für registrierte Domains sowie den Genossenschaftsbeiträgen ihrer Mitglieder. In dem ein oder anderen kleineren Land ist auch eine staatliche Förderung notwendig, insbesondere dann, wenn es um die hoheitliche Aufgabe der ccTLD Registrierung geht und die Nachfrage nach Second-Level Domains unter dieser TLD gering ist, sodass durch die Gebühreneinnahmen die Ausgaben der Registrierungsstelle nicht kompensiert werden.

> **Ihr Transfer in die Praxis**
> - Überprüfen Sie, ob Sie einen aktuellen und vollständigen Überblick über alle von Ihrem Unternehmen oder Ihrer Organisation registrierten Domains haben.
> - Reflektieren Sie, ob Sie in allen Ihren relevanten Absatzmärkten mit einer eigenständigen Onlinepräsenz vertreten sind und mit welchen Domains diese adressiert sind.

Literatur

Beiser, B. (2009). Durchdachte Domainnamen stärken den Online-Auftritt. https://www.absatzwirtschaft.de/durchdachte-domainnamen-staerken-den-online-auftritt-6719/. Zugegriffen am 04.11.2019.

DENIC. (2019). Wie sind die Internetadressen (IP-Adressen) aufgebaut? https://www.denic.de/fragen-antworten/allgemeine-faqs/#code-16. Zugegriffen am 07.11.2019.

DENIC. (2020). Was sind NSentry-Domains bzw. Nameserver? https://www.denic.de/fragen-antworten/allgemeine-faqs/#code-15. Zugegriffen am 31.01.2020.

Fraas, C., Meier, S., & Pentzold, C. (2012). *Online-Kommunikation. Grundlagen, Praxisfelder und Methoden*. München: Oldenbourg.

Fritz, W. (2001). *Internet-Marketing und Electronic Commerce*. Wiesbaden: Gabler.

Global Digital Report. (2019). Digital 2019. Global Internet Use Accelerates. https://wearesocial.com/blog/2019/01/digital-2019-global-internet-use-accelerates. Zugegriffen am 19.01.2020.

Heinzmann, P. (2000). Internet – Die Kommunikationsplattform des 21. Jahrhunderts. In R. Weiber (Hrsg.), *Handbuch Electronic Business* (S. 59–89). Wiesbaden: Gabler.

ICANN. (2015). Advisory Committee. https://icannwiki.org/Advisory_Committee. Zugegriffen am 19.01.2020.

ICANN. (2020). ICANN Board of Directors. https://www.icann.org/resources/pages/board-of-directors. Zugegriffen am 02.02.2020.

IONOS. (2019). DNS-Records: Wie funktionieren DNS-Einträge? https://www.ionos.de/digitalguide/hosting/hosting-technik/dns-records/. Zugegriffen am 08.01.2020.

Kemper, F. (2016). Wem gehört das Internet? https://www.internetworld.de/technik/icann/gehoert-internet-1175111.html. Zugegriffen am 15.11.2019.

Kollmann, T. (2009). *E-Business*. Wiesbaden: Gabler.

Kollmann, T. (2013). *Online-Marketing*. Stuttgart: Kohlhammer.

Postel, J. (1994). Domain name system structure and delegation. https://tools.ietf.org/html/rfc1591. Zugegriffen am 19.01.2020.

Samland, B. M. (2001). Namefinding für E-Brands. https://www.absatzwirtschaft.de/namefinding-fuer-e-brands-487/. Zugegriffen am 15.11.2019.

Schrader, U.-H., & Schumacher, T. (2003). Marketing mit Internet-Domains unschlagbar effizient. https://www.absatzwirtschaft.de/marketing-mit-internet-domains-unschlagbar-effizient-1407/. Zugegriffen am 04.11.2019.

Wurster, B. (2001). Persönlichkeitsrechtsverletzungen im Internet. https://www.jurpc.de/jurpc/show?id=20010249. Zugegriffen am 15.11.2019.

2

Der Aufbau von Domains

> **Was Sie aus diesem Kapitel mitnehmen**
> - Die Unterscheidung der Top-Level Domains in länderspezifische und generische Domains
> - Die Hintergründe und Potenziale der Öffnung des Domainnamensraums durch die breitgestreute Einführung von neuen generischen Top-Level Domains
> - Wie unter einer Top-Level Domain ein Webangebot mit einem Second-Level-Domainnamen zielgruppenspezifisch adressiert wird
> - Welche Inhalte und Dienste unter einer Third-Level Domain respektive Subdomain mit dem Webangebot verknüpft werden können
> - Den Status der weltweiten Verbreitung und Nutzung von Domains

Die mit einer Website konnektierte Domain entspricht in Analogie zu einem physisch-stationären Geschäft der „postalischen Adresse" dieses Websitebetreibers im Internet und besteht aus einer Top-, Second- und Third-Level Domain (Kollmann 2009, S. 306; Kreutzer 2018, S. 125). Abschn. 2.1 thematisiert die Kategorisierung der Top-Level Domains in länderspezifische und generische Top-Level Domains. Des Weiteren werden die seit 2014 registrierbaren sogenannten neuen generischen

Top-Level Domains vorgestellt und deren Einsatzmöglichkeiten erläutert. Die Second-Level Domain steht für den eigentlichen beschreibenden Domainnamen des adressierten Onlineangebotes, deren Funktion und Aufbau wird in Abschn. 2.2 dargestellt. Die Third-Level Domain respektive Subdomain (Abschn. 2.3) charakterisiert auf der dritten Ebene Dienste oder Unterordner, welche mit der Website verknüpft sind. Die weltweite Verbreitung und Nutzung von Domains ist mit Studien und aktuellen Statistiken in Abschn. 2.4 visualisiert.

2.1 Top-Level Domains

Top-Level Domains (TLDs) sind die höchste Hierarchiestufe im globalen **Domain Name System**. Sie stehen bei einer Domain in umgekehrter Leserichtung ganz rechts und stellen somit die höchste Ebene der Namensauflösung dar. Im Allgemeinen unterscheidet man zwischen generischen Top-Level Domains und länderbezogenen Top-Level Domains. Die zentrale Institution für die Regulierung der Top-Level-Domainlandschaft ist die **ICANN** (siehe Abschn. 1.3), die in einem Ausschreibungs- und Auswahlverfahren eine **Domain Name Registry** für die Registrierung und Administration der Domainnamen unter einen neuen TLD akkreditiert.

Mit der Einführung einer neuen TLD wird die Anmeldung von Wunschdomains von der Domain Name Registry meist in einem **gestaffelten Registrierungsverfahren** durchgeführt. Einer offenen Registrierung für jedermann wird eine **Sunrise Period** (Vorrechtsphase oder Einführungsphase) vorangestellt. In dieser meist ein- bis zweimonatigen zeitlich begrenzten Phase ist die Anmeldung von Domainnamen Markeninhabern von eingetragenen Warenzeichen vorbehalten, die ihren Markenschutz im **Trademark Clearinghouse** (TMCH) der ICANN haben eintragen lassen (TMCH 2020). Durch die Sunrise Period sollen Markeninhaber geschützt werden, indem eine unbefugte Registrierung von geschützten Markennamen durch Dritte (Wettbewerber oder Privatpersonen) verhindert wird. Denn diese könnten sonst in einem für alle offenen Registrierungsverfahren gegebenenfalls schneller als der Markeninhaber eine Anmeldung anstoßen.

2 Der Aufbau von Domains

Dem kann sich nach dem Ermessen der beauftragten Domain Name Registry optional noch eine **Landrush Period** anschließen, meistens geht es dabei um die Einführung von neuen generischen TLDs. Diese ebenfalls auf ein bis zwei Monate begrenzten Phase wird eingerichtet, um sogenannte **Premium-Domainnamen**, allgemein gebräuchliche Begriffe oder Kennzeichnungen, die nicht als Marke anerkannt, aber schutzwürdig sind, von berechtigten Antragstellern wie Behörden, Institutionen, Organisationen oder Personen vorreservieren zu lassen. Erst nach Ablauf der Landrush-Phase beginnt mit der **General Availability** die sogenannte **Open Registration**. Ab dieser Phase kann jeder Interessent seine Wunschdomain unter der neuen TLD registrieren. Abb. 2.1 stellt die gestaffelten Registrierungsphasen bei der Einführung neuer TLDs nochmal in einer grafischen Übersicht zusammen.

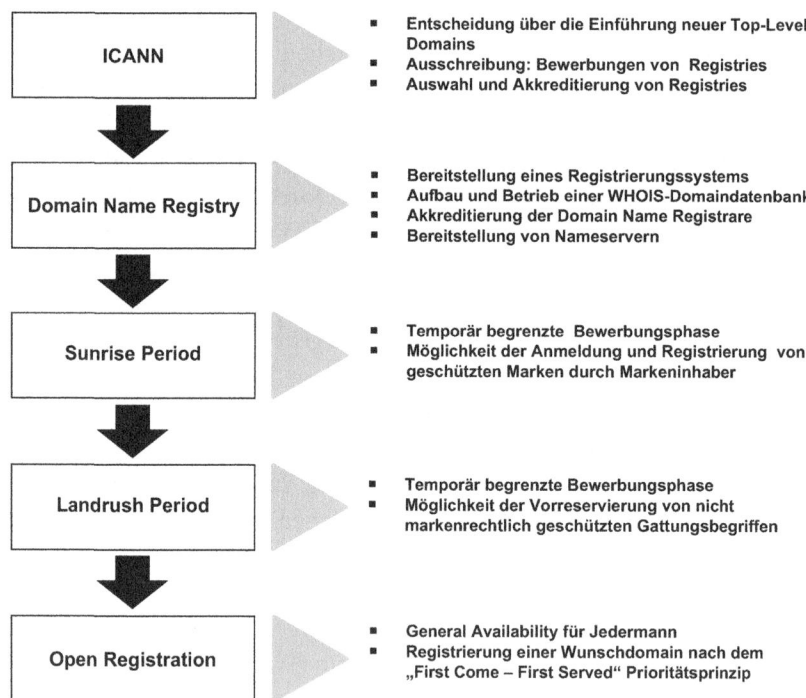

Abb. 2.1 Phasen der Einführung und Registrierung neuer Top-Level Domains (Eigene Darstellung)

2.1.1 Länderspezifische Top-Level Domains

Die Länderkennungen (ccTLDs = **country code Top-Level Domains**) sind mit der globalen Ausdehnung des Internets in den 1990er-Jahren entwickelt und vergeben worden, nachdem das Internet in seinen Ursprungsjahren vor allem in den USA genutzt wurde und sich erst mit einer sich exponentiell steigernden kommerziellen und privaten Nutzung über die USA hinaus rasant verbreitete (Fritz 2001, S. 32).

Weltweit sind derzeit (Stand Dezember 2019) 255 länderspezifische Top-Level-Endungen eingerichtet (IANA 2019). Diese Zahl entspricht nicht den 193 von den Vereinten Nationen (UNO) anerkannten Staaten (UNRIC 2019). Denn neben den die Staaten repräsentierenden ccTLDs gibt es rund 60 internationalisierte länderspezifische TLDs (IDN ccTLDs = **Internationalized Domain Name country code TLDs**). Diese enthalten als **Sonderzeichendomains** Umlaute, Zeichen und Buchstaben aus nicht lateinischen Alphabeten. Solche Zeichen waren ursprünglich im Domain Name System nicht vorgesehen und wurden nachträglich durch den Internetstandard **Internationalizing Domain Names in Applications** (IDNA) ermöglicht (The Unicode Consortium 2020). Die absolute Anzahl an ccTLDs kann differieren, da es auf politischer Ebene durch die Auflösung und Neubildung von Staaten zu Veränderungen im Nationengefüge kommen kann.

> **Löschung und Neubildung von ccTLDs**
>
> Politische Veränderungen durch Bürgerkriege, Unabhängigkeitsbestrebungen und Aufspaltung von Staaten führen immer wieder zur Bildung von neuen ccTLDs oder Löschung nicht mehr existenter Länderendungen auf Staatsebene. So sind aus der Auflösung des ehemaligen Staatenbundes Jugoslawien (TLD-Länderendung .yu, im Jahr 2009 gelöscht) mit der Bildung neuer Staaten aus dem ehemaligen Staatenbund neue ccTLDs wie Slowenien (si, seit 1992), Kroatien (hr, seit 1993), Bosnien und Herzegowina (ba, seit 1996), Serbien (rs, seit 2008) und Montenegro (me, seit 2008) eingeführt worden.
>
> Auch die Auflösung des ehemaligen Bundesstaates Tschechoslowakei (TLD-Länderendung .cs) führte zur Neubildung von ccTLDs für die Tschechische Republik (cz) und die Slowakei (sk).

2 Der Aufbau von Domains

> Die DDR führte bis zur Wiedervereinigung mit der Bundesrepublik Deutschland die Länderendung .dd. Diese ccTLD wurde jedoch nur staatsintern verwendet, von außen war die DDR über .dd nicht erreichbar, da sie nie im öffentlichen Domain Name System (DNS) administriert wurde.

Nahezu alle 193 UN-Staaten betreiben eine eigene Länderdomain. Alle Länderendungen sind durch einen zweibuchstabigen Code gekennzeichnet, zum Beispiel .de für Deutschland oder .fr für Frankreich. Die **ICANN** als regulatorische Institution für die Festlegung der ccTLDS legt hierbei die Liste der Zwei-Buchstaben-Kürzel nicht selber fest, sondern übernimmt diese aus der ISO-Norm 3166.

> **ALPHA-2 Länderkürzel ISO 3166**
>
> Die **Internationale Organisation für Normung** (ISO) legt den Standard für die Kodierung von geografischen Einheiten fest. Die Ländercodes sind als zweistellige (ALPHA-2) und als dreistellige (ALPHA-3) Buchstabenkombinationen in der ISO-3166-1 Kodierliste hinterlegt. Die zweibuchstabigen Kürzel werden zur ccTLD-Kennzeichnung der Länder verwendet.

Die USA sind durch ihre Vorreiterrolle in der Pionierphase im Internet so dominant, dass sie im **Domain Name System** ihre 1985 zugeteilte Länderkennung .us kaum nutzen (Kemper 2016). Die USA sehen die .com-Endung als ihr Länderkürzel, obwohl dies eine generische und nicht länderspezifische TLD darstellt. Eine Sonderrolle nimmt auch Großbritannien ein, das Vereinigte Königreich nutzt nicht die ISO-Endung gb, sondern .uk als seine ccTLD. Beispielsweise sind unter co.uk Unternehmen, unter gov.uk Regierungsorganisationen und unter ac.uk Bildungsinstitutionen und Universitäten adressiert.

Die ursprünglich intendierte geografische Herkunftskennung einer ccTLD ist zweckentfremdet, wenn die Registrierung einer Länderdomain nicht an eine Residenz in dem entsprechenden Land gebunden ist, gleichwohl aber den Unternehmen für die globale Vermarktung und Adressierung eines Produkt- und Leistungsangebotes attraktiv erscheint. Die Registrierung einer solchen Länderdomain hat dann nicht das primäre

Ziel, spezifisch für dieses Land ein Internetangebot bereitzustellen, sondern die attraktive Länderendung als Bestandteil einer internationalen oder globalen **Marketingstrategie** zu nutzen. Manche Staaten sehen in ihren ccTLDs ein erfolgsträchtiges Vermarktungspotenzial und handhaben ihre **Vergabepolitik** sehr liberal, erheben nur niedrige bis gar keine Gebühren und bewerben aktiv die einfache und kostengünstige Registrierung ihrer ccTLDs. Für kleinere Länder ist dies ein profitables Geschäftsmodell. Die .me-TLD für Montenegro ist geeignet für die Adressierung personalisierter Internetangebote, indem Internetadressen, wie beispielsweise love.me, buy.me, meet.me, register.me oder contact.me, gebildet werden. Die TLD .tv für den Staat Tuvalu eignet sich für die Promotion von TV-Angeboten. Die TLD .vc für den Karibikstaat St. Vincent und die Grenadinen kann für die Adressierung des Angebotes von **Venture Capital Gesellschaften** nützlich sein. Weitere zweckfremdete Assoziationen ergeben sich aus .mv (ccTLD Malediven, zweckentfremdet für Mecklenburg-Vorpommern), .by (ccTLD Weißrussland, zweckentfremdet für Bayern), .mg (ccTLD Madagaskar, zweckentfremdet für Mönchengladbach) oder .ag (ccTLD für Antigua und Barbuda, zweckentfremdet für Aktiengesellschaft).

Die Verantwortung für eine länderbezogene TLD obliegt dem sie repräsentierenden Land. Diese beauftragen **Network Information Center** (NICs, siehe Abschn. 1.3). Für Deutschland ist das die DENIC eG. Die Länder legen eigenverantwortlich die individuellen Anforderungen, Richtlinien und Regularien für die Registrierung von Second-Level Domains unter ihrer länderspezifischen Endung fest. Daher können sich die Bedingungen, wie eine ccTLD-Domain registriert werden kann, von Land zu Land unterscheiden, was die Komplexität des **Domainmanagements** vor allem in international agierenden Unternehmen erhöht. Wenn die Registrierung einer TLD an die Erfüllung bestimmter Voraussetzungen und Bedingungen gebunden ist, dann werden diese als **restricted Domains** bezeichnet. So ist für die Registrierung mancher Domains ein Wohnsitz, ein Firmensitz bzw. eine lokale Niederlassung oder der Nachweis einer Handelsbeziehung in dem betreffenden Land erforderlich (Kollewe und Keukert 2016, S. 110). In Deutschland ist die Registrierung einer .de-Domain nicht an einen Wohn- oder Firmensitz in Deutschland gebunden. Ende 2018 waren 1.225.965 .de-Domains von Domaininhabern registriert, die ihren Hauptwohnsitz außerhalb Deutschlands hatten (DENIC 2019). Die im Ausland ansässigen Inhaber von .de-Domains stammen aus 219 Staaten, vornehmlich aus den USA (27 %), den Niederlanden (10 %) und der Russischen Föderation mit 7 % (DENIC 2019). Die Registrierung eines Domainnamens unter der .no-TLD für Norwegen ist beschränkt auf norwegische Rechts- und Handelsgesellschaften und mindestens 18-jährigen norwegischen Staatsbürgern, ausländische Firmen müssen einen lokalen Firmensitz in Norwegen nachweisen (NORID 2019).

> **Merke!**
> Eine Übersicht über die ccTLDs kann der Website der IANA (https://www.iana.org/domains/root/db) entnommen werden. Dort sind auch die Namen und Adressen der zuständigen Domain Name Registries verzeichnet.

Einen Sonderstatus nimmt die 2005 eingeführte TLD .eu unter den länderspezifischen TLDs ein, da sie nicht für ein einzelnes Land, sondern für den Wirtschaftsraum der **Europäischen Union** steht. Für die Registrierung einer .eu-Domain ist ein Wohnsitz oder eine Niederlassung in einem Mitgliedsstaat der Europäischen Union, Norwegen, Island oder Liechtenstein notwendig. Hingegen ist die 2007 eingeführte Endung .asia nicht als ccTLD, sondern als generische TLD geführt. Diese kann von Personen, Unternehmen und Organisationen, die aus dem asiatisch-pazifischen Raum stammen oder dort leben und tätig sind, registriert werden.

> **Die Top-Level Domain .eu als supranationale Endung für die Europäische Union**
> Die Europäische Kommission hatte 2002 beschlossen, zur Förderung des E-Commerce in Europa und zur Schaffung einer europäischen Internetidentität die Top-Level Domain .eu einzurichten. Die Organisation EURid, gegründet von den nationalen Registrierungsstellen für Belgien (be), Schweden (se) und Italien (it), wurde als .eu Domain Name Registry akkreditiert. Insgesamt 3,61 Millionen .eu-Domains waren zum Ende des 3. Quartals 2019 registriert (EURid 2020).

2.1.2 Generische Top-Level Domains

Generische Endungen (gTLDs = **generic Top-Level Domains**) haben in Abgrenzung zu den ccTLDs keinen geografischen, sondern einen inhaltlich-thematischen und somit einen überregionalen Fokus. Die ersten sechs gTLDs sind 1985 eingeführt worden (sieben gTLDs in manchen Übersichten, wenn die in der Pionierzeit des Internets genutzte, heute längst nicht mehr registrierbare .arpa mitgezählt wird). In den folgenden Jahren wurden sukzessive weitere gTLDs durch die **ICANN** freigegeben. Während die ccTLDs vornehmlich durch die jeweiligen Länder administriert werden, unterliegen gTLDs einer stärkeren Regulierung durch die ICANN. Die generischen TLDs werden nach sponsored gTLDs (sgTLDs) und unsponsored gTLDs (ugTLDs) unterschieden. **Sponsored gTLDs** sind in ihrer Nutzung limitiert, wer Domainnamen registrieren möchte, muss bestimmte Anforderungen und Auflagen erfüllen. Deshalb sind sponsored gTLDs **restricted Domains**. Die Auflagen werden von sogenannten **Sponsoren** (Unternehmen, Organisationen, Institutionen oder Behörden) definiert, die für die Kontrolle der Einhaltung der Richtlinien für die Administration dieser gTLDs verantwortlich zeichnen.

Insgesamt wurden zwischen 1985 und 2012 fünfzehn gesponserte gTLDs eingeführt. Diese werden seit der breiten Einführung von neuen gTLD-Endungen auch als **klassische gTLDs** bezeichnet. Einige werden kaum genutzt und fristen aufgrund geringer Registrierungsnachfrage und damit einhergehend auch niedrigem Registrierungsbestand in der TLD-Domainlandschaft ein Nischendasein oder haben nahezu gänzlich die Bedeutung verloren. Dazu zählen beispielsweise .coop für Genossenschaften, .tel (zur Darstellung von Kontaktdaten des Domaininhabers) und .post (für Mitglieder des Weltpostvereins). Auch die Endungen .mobi (für mobile Endgeräte optimierte Websites), .xxx (für erotische und pornografische Inhalte), .cat (catalan zur Beförderung der katalanischen Sprache und Kultur) sowie die sich selbsterklärenden gTLDs, .museum, .travel und .jobs verzeichnen tendenziell geringe Registrierungsbestände. Tab. 2.1 listet diejenigen gTLDs auf, die intensiver genutzt werden und damit im Kreis der berechtigten Nutzergruppen eine gewachsene Akzeptanz aufweisen.

Tab. 2.1 Ausgewählte Beispiele von zwischen 1985 und 2007 eingeführten sponsored gTLDs (Eigene Darstellung)

TLD	Einführungsjahr	Berechtigte Nutzer	Sponsor und Sitz
.gov (government)	1985	Regierungsbehörden der USA	General Services Administration (USA)
.edu (education)	1985	Organisationen und Einrichtungen des US-amerikanischen Bildungssystems	Educause (USA)
.mil (military)	1985	Militär der USA	NIC des Verteidigungsministeriums der USA
.int (international)	1988	Internationale Organisationen	IANA (USA)
.aero (aeronautics)	2001	In der Luftfahrtbranche tätige Unternehmen und Organisationen	Société Internationale de Télécommunication Aéronautique (SITA) (Frankreich)
.asia	2007	Primär Personen und Unternehmen aus dem bzw. in Bezug zum asiatisch-pazifischen Raum	Afilias Limited (Irland)

Internetrecherche im Januar 2020

Die **unsponsored gTLDs** bestehen im Gegensatz zu den zweibuchstabigen ccTLDs aus drei oder mehr Zeichen. Diese dienen einer inhaltlichen Kennzeichnung des Angebots, einer Berufsgruppe oder einer Branche und können frei zugänglich oder eingeschränkt an die Zugehörigkeit zu einer bestimmten Organisation gebunden sein. Die unsponsored gTLDs stehen unter der regulatorischen Kontrolle der **ICANN**. Die klassischen gTLDs .com, .org und .net erfreuen sich eines breitgefächerten Interesses und einer intensiven Nutzung. Die frei zugängliche Endung .com (commercial) ist die meist registrierte gTLD mit ca. 144 Mio. registrierten Domains (Stand Oktober 2019, Verisign 2019). Durch die Vielzahl an registrierten Domainnamen verengt sich allerdings der Spielraum für neue Namenskreationen kontinuierlich (siehe zum Ideengenerierungsprozess der Gestaltung von Domainnamen Abschn. 5.1). Tab. 2.2

Tab. 2.2 Zwischen 1985 und 2004 eingeführte nichtgesponserte gTLDs

TLD	Einführungsjahr	Berechtigte Nutzer	Registry
.com (commercial)	1985	Ursprünglich für US-amerikanische Unternehmen, heute frei registrierbar	Verisign (USA)
.org (organization)	1985	Non-Profit-Organisationen, seit 2003 frei registrierbar	Ursprünglich PIR, seit 2019 Ethos Capital (USA)
.net (network)	1985	Ursprünglich Internetprovider, heute frei registrierbar	Verisign (USA)
.info	2001	Informationsangebote und Informationsdienste (aber von Beginn an für jeden frei verfügbar)	Afilias Limited (Irland)
.biz (business)	2001	Unternehmen, aber heute de facto jedem frei zugänglich	NeuStar Inc. (USA)
.name	2001	Privatpersonen (natürliche Personen und Familien)	Verisign (USA)
.pro (professionals)	2004	Berufsgruppen (beispielsweise Ärzte, Rechtsanwälte, Steuerberater, Freiberufler)	Ursprünglich RegistryPro, seit 2012 Afilias Limited (Irland)

Internetrecherche im Januar 2020

listet die nichtgesponserten klassischen gTLDs auf. Wie man an der Spalte „Berechtigte Nutzer" ablesen kann, sind die ursprünglichen Bedeutungen dieser TLDs mit einer vorgegebenen Anspruchsberechtigung zur Registrierung solcher Domains weitgehend aufgelöst worden. Die schrittweise Abkehr von Restriktionen sollte den TLDs zu mehr Verbreitung verhelfen und die Zahl der Registrierungen erhöhen.

Die sechs 1985 eingeführten heute nicht mehr registrierungsbeschränkten Endungen .com, .net und .org sowie die nach wie vor gesponserten .gov, .edu und .mil waren bei ihrer Freischaltung ursprünglich anstelle einer ccTLD für Einrichtungen der USA vorgesehen, da in den Anfangsjahren das Internet noch stark auf die USA fokussiert war und die globale Verbreitung des Internets nicht vorhergesehen wurde (Fritz 2001, S. 32 f.).

2.1.3 Neue Top-Level Domains

Mit der begrenzten Anzahl an klassischen generischen TLDs schränkten sich die Gestaltungsmöglichkeiten für kurze und prägnante Domainnamen immer weiter ein. Die **ICANN** beschloss 2009 eine Erweiterung des TLD-Namensraumes und initiierte 2011 mit dem „**New generic Top-Level Domain Program**" ein offenes Antragsverfahren zur Einführung neuer generischer TLDs. Jeder Begriff, der nicht die Grundsätze der ICANN verletzt, in seinem Gebrauch verboten und rechtswidrig ist oder einer bestehenden TLD zu ähnlich ist, sollte prinzipiell beantragt werden können (ICANN 2015). Weil die Registrierung und der Betrieb einer neuen TLD mit hohen Kosten und erheblichem Aufwand verbunden sind, richtete sich das Angebot an Organisationen und Institutionen des wirtschaftlichen, gesellschaftlichen und staatlichen Sektors.

In der ersten Bewerbungsphase wurden 1930 Anträge eingereicht (ICANN 2012). Ein Drittel der Bewerbungen kam von Unternehmen, die ihren Firmennamen und/oder ihre Marke(n) als Domainendung registrieren wollten. Spitzenreiter unter den Bewerbern war Google mit Anträgen für 102 neue TLDs. Amazon bewarb sich für 78 TLDs, darunter .shop, .music, .books (ICANN 2012). Deutsche Unternehmen, Institutionen und Organisationen haben knapp 70 Adressen beantragt, Großunternehmen wie Adidas, Linde, Deutsche Post, Bosch, Edeka oder Lidl bewarben sich um die Einrichtung unternehmenseigener TLDs. Regional-, Kommunal- und Städteinitiativen gründeten sich in Großstädten und Ballungszentren wie Köln, Berlin, Hamburg oder im Ruhrgebiet, um eine gTLD mit dem Stadt- oder Regionennamen einrichten zu dürfen. Das Bewerbungs-, Auswahl- und Akkreditierungsverfahren wurde durch die **ICANN** gesteuert. Dabei bewarben sich bei manchen neuen TLDs unabhängig voneinander gleich mehrere Institutionen oder Initiativen. Auf die Führung der gTLD .app fielen mit 13 Bewerbern die meisten Anträge (ICANN 2012). Die neuen gTLD-Endungen können grob in themenbezogen-beschreibende, geografische (regional und lokal) sowie unternehmensspezifische und markenbezogene gTLDs klassifiziert werden.

Generisch-beschreibende und gattungsbegriffliche neue TLDs
Neue gTLDs konnten aus verschiedenen Bereichen und Kategorien des kommerziellen und gesellschaftlichen Lebens gebildet werden. So sind Bewerbungen aus dem Bereich Freizeit, Kultur, Hobby und Lifestyle (art, beauty, blog, cafe, games, jewelry, luxury, photography, restaurant, theater), Reisen (cruises, hotel, holiday, reisen, rentals, tours, vacations), Commerce and Business (bank, business, capital, company, cloud, enterprises, gmbh, investments, immobilien, management, versicherung, web, work, shop), Berufsbezeichnungen (accountant, attorney, dentist, doctor, engineer, lawyer) oder Sport (basketball, bike, tennis, football, golf, hockey, racing, run, ski, soccer, sport, tennis) erfolgreich akkreditiert worden. Eine umfassende Übersicht der neuen registrierbaren gTLDs findet sich beispielsweise auf der Website von United Domains (United Domains 2020).

Geografische (regionale und lokale) neue TLDs (Geo nTLDs)
Städte und Regionen konnten ihre namenseigenen TLDs beantragen. Bis zum 3. Quartal 2019 wurden insgesamt ca. 703.000 Geo nTLD-Domainnamen weltweit registriert (Verisign 2019). Wie Abb. 2.2 anhand der fortlaufend aktualisierten Registrierungszahlen von nTLDStats veranschaulicht, sind bei den populärsten Geo nTLD-Endungen vor allem Weltmetropolen und verdichtete Ballungsräume zu finden (nTLDStats 2020). Mit Berlin, Köln und Hamburg finden sich gleich drei deutsche Städte unter den Top Ten. Die Domain .tokyo hat die meisten Domainregistrierungen zu verzeichnen, die Metropolregion Tokyo zählt als die derzeit einwohnerstärkste Megacity der Welt mit ca. 37,5 Millionen Menschen (UN DESA 2019, S. 75).

Unternehmens- und markennamenbezogene TLDs (.brands nTLDs)
Firmen und Organisationen können unter ihrem Eigennamen mit einer proprietären nTLD ihre unternehmenseigene TLD-Infrastruktur aufbauen. Bei den **.brands-Domains** handelt es sich um Marken, wie beispielsweise Apple, Google oder Amazon, deren Markenname auch den Unternehmensnamen kennzeichnet. Marken-TLDs stützen die **Markenstrategie** und **Markenkommunikation**. Sie verhelfen der **Marke** zu einer globalen Sichtbarkeit und festigen das **Markenimage** (Meffert et al.

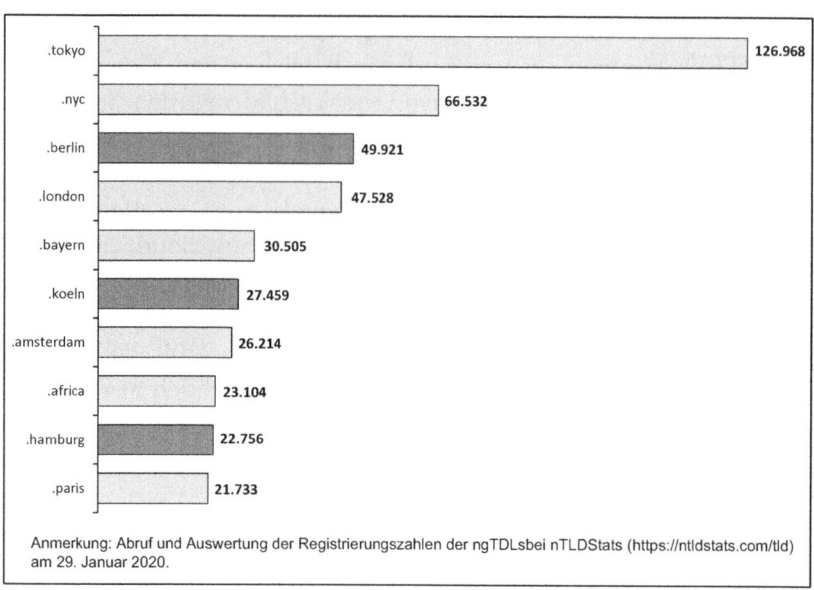

Abb. 2.2 Die Top Ten der populärsten Geo nTLDs (Eigene Darstellung)

2015, S. 325 ff.). Manche Bewerber wollten ihre unternehmenseigene TLD zunächst durch ihre Teilnahme am Antragsverfahren nur schützen und planen noch nicht deren aktive Nutzung. Aufgrund des komplexen und kostenintensiven Bewerbungs- und Verifizierungsprozesses hatten weltweit nur einige Hundert Unternehmen ihre namenseigene TLD beantragt (ICANN 2012).

Mit der breiten Einführung von neuen Top-Level Domains im Jahr 2014 hat sich in den letzten Jahren das Angebot an TLDs vervielfacht. Als vorläufiges Fazit kann konstatiert werden: Die ngTLDs verzeichnen bisher noch einen geringen Anteil im gesamten **Domain Name System**. Die klassischen bei Unternehmen wie auch Internetnutzern gleichermaßen etablierten TLDs, insbesondere die .com-TLD sowie die länderspezifischen Endungen, sind nach wie vor in ihrer Popularität und Akzeptanz gefestigt. Die in rascher Folge eingeführten ngTLDs brauchen natürlich auch Zeit, um sich im Markt und im Bewusstsein der Internetnutzer zu verankern. Mit ihrer Einführung waren zwangsläufig auch

Rechtsstreitigkeiten um die vorrangige Berechtigung zur Führung einer neuen TLD verbunden. Dabei ist der Anspruch an eine unternehmensnamenidentische nTLD weniger strittig als die Hoheit über generische Begriffe als nTLDs, die als weltbekannte beschreibende Marken- oder Produktgattungsnamen auch in einem anderen als dem ökonomischen Kontext gebrauchsüblich sind (Janotta 2011).

> **Juristische Auseinandersetzung um die Nutzungsrechte der ngTLD .kinder**
>
> Der Süßwarenhersteller Ferrero konnte sich in einem Rechtsstreit um die Nutzungsrechte der neuen gTLD .kinder gerichtlich durchsetzen. Die Nutzung der TLD .kinder hatte zu Protesten, unter anderen des Deutschen Kinderschutzbundes geführt. Ursprünglich wollte die ICANN keine allgemeinsprachlichen Begriffe als nTLD-Endungen vergeben. Ferrero hatte gegenargumentiert, dass „Kinder" eine alteingesessene internationale Marke ist. Unter deren Dachmarke werden insgesamt neun Produkte vermarktet, das bekannteste ist die Kinderschokolade (Mey 2015).

2.2 Second-Level Domains

Eine Second-Level Domain (2nd Level Domain) kann immer nur in Kombination mit einer TLD vergeben werden. Der Domainname kann unter Einhaltung der Restriktionen in der Namenskreation (siehe Abschn. 5.1), welche die **Domain Name Registries** vorgeben, frei gestaltet werden. Ob diese **Wunschdomain** dann auch genutzt werden kann, hängt davon ab, dass sie noch nicht von einem Dritten bereits registriert wurde (Kreutzer 2018, S. 126). Die Second-Level Domain ist die eigentliche Adresse, zum Beispiel der Name des Unternehmens (beiersdorf.de), einer Marke (nivea.de) oder einer Produktlinie (niveamen.de). Stimmt der Domainname mit dem Unternehmens-, Marken- oder Produktnamen überein, so schafft er **Orientierung** und unterstützt die Bekanntmachung des Onlineangebotes (Kollmann 2013, S. 229). Der Second-Level Domain kommt in der Regel eine kennzeichnende Funktion zu mit der Folge, dass sie Schutz durch das Marken- und Namensrecht genießt. Sie kann durch

Buchstaben, Umlaute, Ziffern, Sonderzeichen und Bindestriche gebildet werden.

Second-Level Domains können neben dem Unternehmens-, Marken- oder Produktnamen auch einen das Informations- oder Leistungsangebot beschreibenden oder umschreibenden Domainnamen charakterisieren. **Generische Second-Level Domains** mit einer hochwertigen beschreibenden Adresse wie kaffee.de, schuhe.de oder moebel.de sind attraktiv, da sie eine **Sortimentskategorie** bzw. **Warengruppe** in ihrem Namen tragen. Damit eignen sich solche Domains insbesondere zum Aufbau von Onlineshops oder Onlinemarktplätzen mit einem eindeutigen Sortimentsschwerpunkt. Eine solche die Sortiments- oder Produktkategorie repräsentierende Domain kann auch als **Category Killer Domain** bezeichnet werden (Schwartz 2012).

> **Category Killer Domain windeln.de**
>
> Der Aufbau eines Geschäftes unter der beschreibenden Namensgebung des Startsortimentes ist nur sinnvoll, solange dies ausschließlich die Category-Kernkompetenz des Unternehmens darstellt und das Geschäftsmodell nicht in andere Warenkategorien skaliert wird. Hier spricht die Wahl der Domain windeln.de gegen eine Ausweitung des Sortiments, zum Beispiel in den Jugend- oder Erwachsenenbereich. Der Domainname fokussiert zudem das Angebot geografisch auf den deutschsprachigen Raum und erschwerte zumindest unter dieser Namensgebung eine Internationalisierung des Geschäftsmodells.

Problematisch wird es, wenn genau diese **Category** im Zuge einer späteren Ausweitung des Geschäftsmodells nur noch einen Teil des Produkt- und Leistungsprogramms repräsentiert. Für Zalando wäre es in der Vorgründungsphase kaum zielführend gewesen, mit seinem originären Geschäftsmodell eines Onlineschuhhandels einen Domainnamen in Kombination mit dem **Keyword** Schuhe zu kreieren, da sich das **Geschäftsmodell** über die Jahre hinweg in einen Onlinemarktplatz für ein breit gefächertes und tiefes Sortiment in den Warenkategorien Fashion, Beauty und Kosmetik, Lifestyle und Accessoires transformiert hat. Auch der Amazon Gründer Jeff Bezos hätte mit einem Domainnamen, der das

Startsortiment eines Online Bookstores umschrieben hätte, einen für den stetig erfolgten Ausbau seines Onlineshops zu einem Onlineuniversalwarenhaus viel zu engen Namen gewählt.

Prinzipiell kann ein deutsch- oder anderssprachiges Wort oder auch eine Wortkombination aus mehreren Sprachen als Second-Level Domainname kreiert werden. Häufig ist diese Entscheidung daran gekoppelt, ob nur eine nationale oder auch internationale Vermarktung Intention der Gründer ist. Fakt ist, dass eine, wenn auch im **Businessplan** zunächst nicht intendierte, aber später doch vollzogene **Internationalisierung** sich mit einem sperrigen deutschsprachigen Domainnamen erschweren kann. Daher achten Gründer bereits bei der Namensgebung in der **Vorgründungsphase** auf einen auch international einsetzbaren Domainnamen. **Anglizismen** stellen schon einmal sicher, dass der Unternehmens- bzw. Markenname im englischsprachigen Bevölkerungsraum in seiner Wortbedeutung intuitiv verstanden werden müsste.

2.3 Subdomains und Third-Level Domains

Domains auf der dritten Ebene werden als Third-Level Domains oder Subdomains bezeichnet. Die **Third-Level Domain** kennzeichnet den Dienst, unter dem die Website betrieben wird oder als sogenannte Subdomain eine von der Hauptdomain separat ansprechbare, aber mit ihr verbundene Unteradresse. Eine **Subdomain** ist in der Hierarchie des DNS unterhalb der Second-Level Domain angesiedelt. Subdomains erkennt man daran, dass sie getrennt mit einem Punkt direkt vor dem Second-Level-Domainnamen stehen. Die Einrichtung von Subdomains als Unteradressen bietet Unternehmen vielfältige Optionen, eine zentrale Website weiter zu untergliedern, um verschiedene Inhalte dieser Website separat ansprechen zu können (Kollewe und Keukert 2016, S. 396; Stallmann und Wegner 2015, S. 216). Abb. 2.3 visualisiert mit zwei Beispielen den hierarchischen Aufbau von Domains.

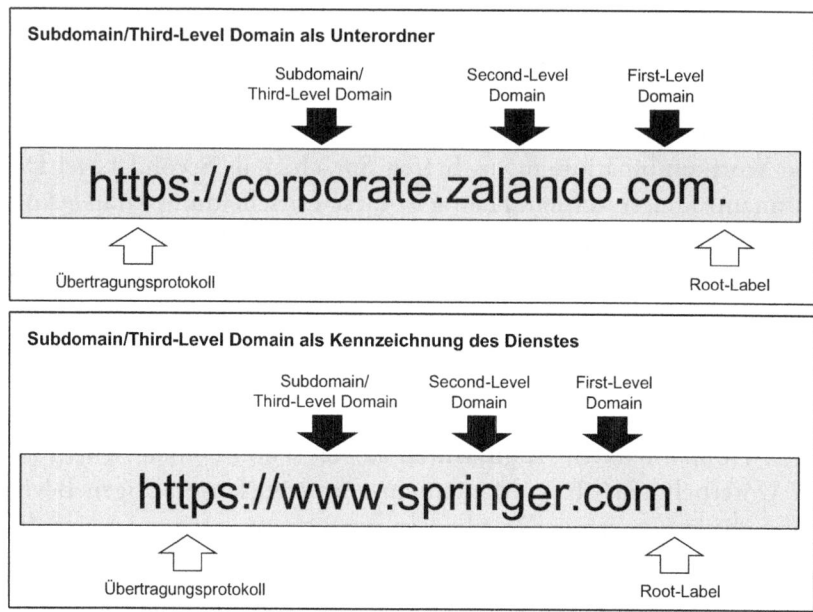

Abb. 2.3 Hierarchische Struktur von Domains (Eigene Darstellung)

Der vollständige Name, bestehend aus Top-, Second- und Subdomain respektive Third-Level Domain wird als **Fully Qualified Domain Name** (FQDN) bezeichnet. Die Gesamtlänge der FQDN darf 255 Zeichen nicht überschreiten. Wie die Beispiele in Abb. 2.3 zeigen, beginnt die Domain in ihrem hierarchischen Aufbau von rechts nach links gehend mit einem Punkt (Root- oder Null-Label) als alleroberste Ebene der Namensauflösung. In **DNS-Records** auf den Nameservern (siehe Abschn. 1.1) sind die FQDNs auch unter Einbezug dieses Root- oder Null-Labels eingetragen, welches aus einer leeren Zeichenkette besteht. Das **Root-Label** verweist auf die **Root-Server** als oberste **Serverinstanz**. Das Root-Label muss vom Internetnutzer nicht in das Eingabefeld des Webbrowsers zur Ansteuerung der Domain eingegeben werden. Der Third-Level Domain vorangestellt ist das Netzwerk- bzw. Übertragungsprotokoll, beispielsweise steht https als verschlüsseltes Kommunikationsprotokoll für **Hypertext Transfer Protocol Secure**.

Subdomains können klassifiziert werden in:

- **Inhaltlich-themenspezifische Bereiche** wie die Corporate Site, Service, Recruiting, Investor Relations oder Onlineshop
- **Organisatorische Bereiche** wie Business Units, Tochtergesellschaften, Abteilungen, Produktions-, Service- oder Verkaufsstandorte (teilweise Überschneidung mit den inhaltlich-themenspezifischen Bereichen)
- **Ortsabgrenzende, geografische Bereiche**, indem Länder- oder Sprachversionen direkt über Subdomains angesteuert und aufgerufen werden. Die Adressierung über länderspezifische Subdomains wird als eine Option der Internationalisierungsstrategie in Abschn. 8.2 erläutert.

Vorteilhaft ist, dass Subdomains nicht über die **Domain Name Registries** als eigene Domainnamen registriert werden müssen. Sie können vom Unternehmen unter der bereits registrierten Second-Level Domain eigenständig eingerichtet werden, denn die für das **Domain Name System** (DNS) prioritäre Weiterleitung wird über die Second-Level Domain gesteuert (Kollewe und Keukert 2016, S. 109). Die Strukturierung der Website in Subdomains verhindert somit auch ein quantitatives Ausufern der Anzahl registrierter Second-Level Domains im Unternehmensdomainportfolio. Subdomains müssen mit Nameservern verbunden werden, damit eine **Konnektierung** mit dem durch die Subdomain charakterisierten Bereich durch das **Routing** hergestellt werden kann (Stallmann und Wegner 2015, S. 216).

Findet sich unter einer Second-Level Domain keine weitere die Website untergliedernde Subdomain, so wird der Dienst, unter dem die Website betrieben wird, als Third-Level Domain bezeichnet. Der am weitesten verbreitete Dienst ist www für World Wide Web und adressiert die Websites, Webservices und Onlineshops, ftp steht für Dateitransfer, m für mobile Angebote sowie mail/smtp/pop3/imap für Mailserver. Abb. 2.4 fasst in einer grafischen Übersicht noch einmal die in diesem Kapitel vorgestellte Klassifizierung der Domains in die drei Hauptkategorien Top-, Second-, Subdomain und Third-Level Domain zusammen.

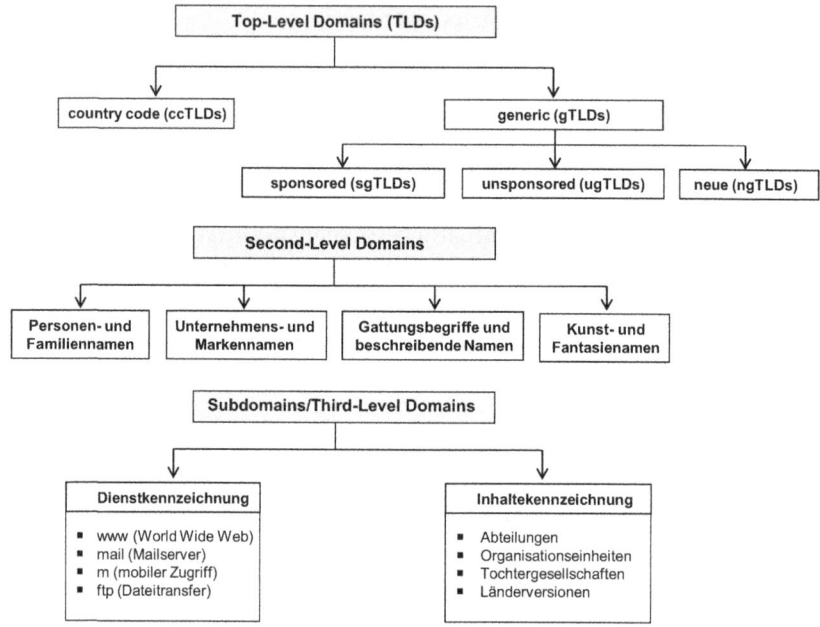

Abb. 2.4 Klassifizierung von Domains (Eigene Darstellung)

2.4 Die globale Verbreitung von Domains

Die Zahl der weltweit registrierten Domains steigt kontinuierlich an. Das dritte Quartal 2019 endete mit einem Bestand von 359,8 Millionen Domainregistrierungen über alle Top-Level Domains (inklusive neue gTLDs), was einer Zunahme von 5,1 Millionen Domainregistrierungen gegenüber dem zweiten Quartal 2019 entspricht (Verisign 2019). Die Gesamtzahl der Domain-Registrierungen für Länder-TLD (ccTLDs) belief sich zum Ende des dritten Quartals 2019 auf 161,8 Millionen. Die Länderendungen Tokelau, China und Deutschland sind dabei die reichweitenstärksten ccTLDs. Die hohe Zahl an Registrierungen für .tk als ccTLD des Pazifikatolls Tokelau vermag zu irritieren. Die Registrierung und Nutzung der tk-TLD ist für den Registranten kostenlos, sofern sie aktiv genutzt wird. Die meisten .tk-Domains sind in Russland, Indien und China registriert, in Europa und den USA ist die Verbreitung dage-

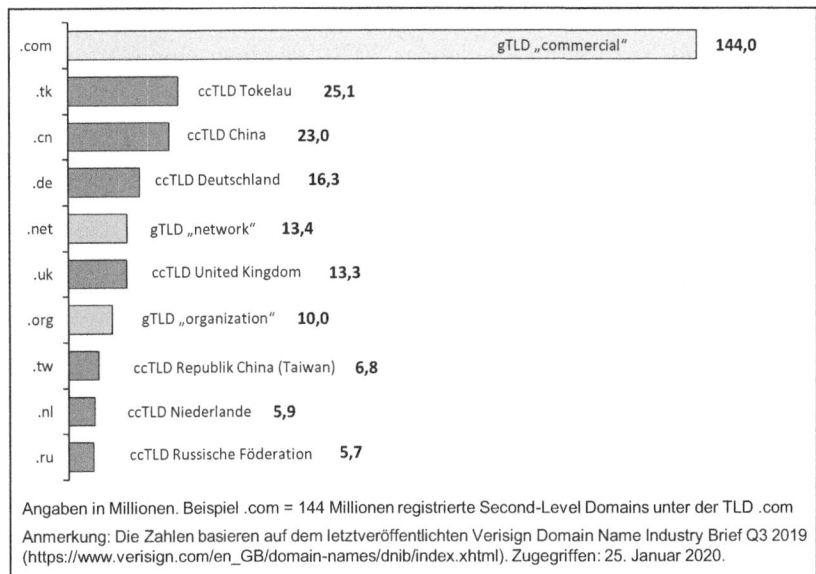

Abb. 2.5 Die Top Ten der weltweit registrierten Domains (Eigene Darstellung)

gen gering (Hitzelberger 2012). Die .tk-TLD genießt einen eher zweifelhaften Ruf, da sie des Öfteren für Betrugsfälle, vornehmlich **Pishing-Attacken**, missbraucht wird (Barkhausen 2016). Mit weitem Abstand führend ist, wie Abb. 2.5 mit den Top Ten der weltweit registrierten Domains demonstriert, die .com-TLD mit derzeit 144 Millionen Domainnamensregistrierungen (Verisign 2019).

Insgesamt 16.361.995 Millionen .de-Domains (Stand 02. Februar 2020) sind derzeit bei der DENIC eG registriert. Die Website www.denic.de bietet auf ihrer Homepage eine laufende Aktualisierung der Gesamtzahl registrierter Domains und ergänzt diesen Service um die **Saldoveränderungen** des vorherigen und des aktuellen Tages. Da es jederzeit zu Ab- und Anmeldungen kommt, ist die Anzahl registrierter Domains immer nur eine zeitpunktgenaue Momentaufnahme, dabei kann die Bestandsveränderung von Tag zu Tag mal positiv, mal negativ sein. Die absolute Zahl registrierter .de-Domains schwankt seit mehreren Jahren über dem Niveau von 16,2 Millionen und verzeichnet kein überproportionales Wachstum mehr (DENIC 2019). Die Gesamtzahl der neuen gTLD (ngTLD)-Domainregistrierungen lag im Januar 2020 bei 32 Millionen (nTLDStats 2020). Die Top 3 der reichweitenstärksten ngTLDs .icu, .top und .xyz (Stand 29. Januar 2020) vereinen einen Anteil von 38 % (nTLDStats 2020).

> **Merke!**
> Die massenhafte Registrierung von Domains über Cybersquatting und Domaingrabbing, aber auch die vorsorgliche Registrierung potenziell interessanter Domainnamen durch Unternehmen führt zu einer Vielzahl an inaktiven, nicht mit Websites konnektierten Domains, die für spätere Zwecke „geparkt" sind. Daher ist bei jeder Domainstatistik auch die Relation von aktiven und inaktiven Domains von Relevanz. So lag der Anteil geparkter Domains an den neuen gTLDs im August 2019 bei fast 50 % (nTLDStats 2019).

> **Ihr Transfer in die Praxis**
> - Überprüfen Sie, ob Ihr Unternehmen in allen seinen regionalen Absatzgebieten Domains unter den entsprechenden länderspezifischen Top-Level Domains registriert hat und ob diese derzeit aktiv genutzt werden.
> - Recherchieren Sie, ob gegebenenfalls ein Wettbewerber oder eine Privatperson in einem ihrer regionalen Absatzgebiete eine länderspezifische Top-Level Domain mit Ihrem Unternehmens-, Marken- oder Produktnamen widerrechtlich registriert hat und missbräuchlich nutzt.
> - Monitoren Sie regelmäßig, ob Ihre Marken in der Datenbank des Trademark Clearinghouse der ICANN für anstehende Sunrise Periods bei der Einführung neuer Top-Level Domains eingetragen sind.
> - Überlegen Sie, ob für Ihr Unternehmen eine Bewerbung bei der ICANN für die Zuteilung einer namensidentischen neuen Top-Level Domain sinnvoll erscheint.
> - Reflektieren Sie, ob für Ihr Unternehmen eine Bewerbung bei der ICANN für die Zuteilung einer angebots- oder zielgruppenspezifischen beschreibenden neuen Top-Level Domain infrage kommt.

Literatur

Barkhausen, B. (2016). Warum im Pazifikatoll Tokelau die meisten Domains registriert sind. https://www.tagesspiegel.de/wirtschaft/top-level-domains-warum-im-pazifikatoll-tokelau-die-meisten-domains-registriert-sind/13369616.html. Zugegriffen am 25.01.2020.

DENIC. (2019). Statistiken – rund um .de. https://www.denic.de/wissen/statistiken/. Zugegriffen am 29.01.2020.
EURid. (2020). Über uns. https://eurid.eu/de/uber-uns/#nav_contact. Zugegriffen am 29.01.2020.
Fritz, W. (2001). *Internet-Marketing und Electronic Commerce*. Wiesbaden: Gabler.
Hitzelberger, F. (2012). .tk: Kostenlose Domains steigert Registrierungszahlen. https://domain-recht.de/domain-registrierung/laender-endungen-cctld/tk-kostenlose-domains-steigert-registrierungszahlen-62543.html. Zugegriffen am 26.01.2020.
IANA. (2019). Root zone database. https://www.iana.org/domains/root/db. Zugegriffen am 26.01.2020.
ICANN. (2012). New gTLD current application status. https://gtldresult.icann.org/applicationstatus/viewstatus. Zugegriffen am 29.01.2020.
ICANN. (2015). New generic top-level domains. Applicant guidebook. https://newgtlds.icann.org/en/applicants/agb. Zugegriffen am 02.02.2020.
Janotta, A. (2011). Neue Domains: Was für Marken jetzt wichtig ist. https://www.wuv.de/tech/neue_domains_was_fuer_marken_jetzt_wichtig_ist. Zugegriffen am 04.11.2019.
Kemper, F. (2016). Wem gehört das Internet? https://www.internetworld.de/technik/icann/gehoert-internet-1175111.html. Zugegriffen am 15.11.2019.
Kollewe, T., & Keukert, M. (2016). *Praxiswissen E-Commerce. Das Handbuch für den erfolgreichen Onlineshop*. Heidelberg: dpunkt.
Kollmann, T. (2009). *E-Business*. Wiesbaden: Gabler.
Kollmann, T. (2013). *Online-Marketing*. Stuttgart: Kohlhammer.
Kreutzer, R. (2018). *Praxisorientiertes Online-Marketing*. Wiesbaden: Springer Gabler.
Meffert, H., Burmann, C., & Kirchgeorg, M. (2015). *Marketing*. Wiesbaden: Springer Gabler.
Mey, S. (2015). Streitfall .kinder: als Ferrero-Markendomain endgültig im Netz. https://www.heise.de/newsticker/meldung/Streitfall-kinder-als-Ferrero-Markendomain-endgueltig-im-Netz-2842871.html. Zugegriffen am 29.01.2020.
NORID. (2019). Who can hold a Norwegian domain name? https://www.norid.no/en/nytt-domenenavn/hvem-kan-ha-domene/. Zugegriffen am 26.01.2020.
nTLDStats. (2019). Parking in new gTLDs Overview. https://ntldstats.com/parking/registrar. Zugegriffen am 29.01.2020.
nTLDStats. (2020). New gTLD Overview. https://ntldstats.com/tld. Zugegriffen am 29.01.2020.

Schwartz, R. (2012). Category killer domain names ... defined. Premium domains ... remain undefined and less than premium. https://www.ricksblog.com/2012/11/category-killer-domain-namesdefined-premium-domainsremain-undefined-and-less-than-premium/#.XjHrx0qzXIU. Zugegriffen am 29.01.2020.

Stallmann, F., & Wegner, U. (2015). *Internationalisierung von E-Commerce Geschäften*. Wiesbaden: Springer Gabler.

The Unicode Consortium. (2020). Unicode provides a unique number for every character, no matter what the platform, program, or language is. https://home.unicode.org/basic-info/overview/. Zugegriffen am 02.02.2020.

TMCH. (2020). The Trademark Clearinghouse: Protect your trademark online. https://www.trademark-clearinghouse.com/. Zugegriffen am 02.02.2020.

UN DESA. (2019). World urbanization prospects. The 2018 revision. https://population.un.org/wup/Publications/Files/WUP2018-Report.pdf. Zugegriffen am 29.01.2020.

United Domains. (2020). Alle neuen Endungen nach Kategorien. https://www.united-domains.de/neue-top-level-domain/?category=74#ntldCategories. Zugegriffen am 26.01.2020.

UNRIC. (2019). Die Charta der Vereinten Nationen. https://unric.org/de/charta/. Zugegriffen am 26.01.2020.

Verisign. (2019). Domain names. The Verisign Domain Name Industry Brief. Q3 2019. https://www.verisign.com/en_GB/domain-names/dnib/index.xhtml. Zugegriffen am 25.01.2020.

3

Die Arten von Domainnamen

> **Was Sie aus diesem Kapitel mitnehmen**
> - In welche Kategorien die verschiedenen Arten von Domainnamen unterteilt sind
> - In welchen Variationen der Personen- und Familienname als Domain geführt werden kann
> - Warum Unternehmen ihren Marken, Produkten und Dienstleistungen namensidentische Domains zuordnen sollten
> - Warum sich Gattungsbegriffe und beschreibende Domainnamen einer hohen Popularität erfreuen
> - Warum viele Unternehmen Kunst- und Fantasienamen als Firmenkennzeichnung und Domain führen

Die Möglichkeiten der Gestaltung von Second-Level-Domainnamen unter einer TLD sind äußerst vielfältig. Es gibt zahlreiche Variationen aus den von den **Domain Name Registries** vorgegebenen Buchstaben-, Zahlen- und Zeichenkombinationen. Dabei sind Gestaltungsparameter, wie beispielsweise die **Längenrestriktion** oder die Verwendung und Positionierung von Sonderzeichen, zu berücksichtigen (siehe zum Namensfindungsprozess Abschn. 5.1). Heute wird kaum noch ein Unternehmen ohne Onlinepräsenzen geführt, wenn nicht mit einem Onlineshop im E-Commerce, dann zumindest in Form einer Homepage mit einem Informations-, Service- und Kontaktangebot. Dabei ist es evident, dass der Unternehmens- und Markenauftritt sowohl in der realen wie auch in der digitalen Welt eine **Namensidentität** zwischen dem Unternehmens- und Markennamen sowie den mit den dazugehörigen Websites konnektierten Domains aufweist. Die verschiedenen Arten von Domainnamen für die Kennzeichnung einer Second-Level Domain werden in den nun folgenden Abschnitten dargestellt und erläutert.

3.1 Personen- und Familienname

Die Registrierung einer Domain als Personenname ist attraktiv für den Aufbau einer digitalen Präsenz von Personen des öffentlichen Lebens (Sportler, Musiker, Künstler, Autoren, Entertainer, Testimonials, Politiker), freiberuflich agierenden Einzelunternehmern oder Privatpersonen, die eine eigene Website pflegen, indem sie ihren Hobbys, Interessen, Einstellungen und Meinungen eine Onlinepräsenz verleihen. Auch **Künstlernamen** und **Pseudonyme** können als Domain registriert werden. Die Wahrscheinlichkeit, häufig vorkommende bürgerliche Personen- und Familiennamen, wie beispielsweise Schmitz, Schneider, Müller oder Meier, in ihrer Einwort-Namensalleinstellung noch zu registrieren, ist allerdings sehr gering. Mit dem Durchspielen verschiedener Buchstaben- und Zeichenerweiterungen oder -ergänzungen rund um einen bürgerlichen Namen, z. B. mit einem Ortszusatz oder einer Berufskennzeichnung, kann es noch freie Domains geben, je länger und damit sperriger der Domainname allerdings wird, desto umständlicher ist er zu merken und zu kommunizieren.

> **Erweiterungs- und Ergänzungsoptionen bei der Gestaltung einer Personennamensdomain**
>
> Mit dem bürgerlichen Familiennamen „Schmitz" lassen sich durch Mehrwortdomains verschiedene Erweiterungen und Ergänzungen kreieren, die gegebenenfalls noch frei registriert werden können. So findet man im WWW beispielsweise folgende Domains in Kombination mit dem Namen Schmitz (Internetrecherche im Januar 2020):
>
> - **In Kombination mit der Berufs- oder Firmenbezeichnung:** schmitz-mode.de, schmitz-leuchten.de, optik-schmitz.de, augenarzt-schmitz.de, weingut-schmitz.de
> - **In Kombination mit einer Ortskennzeichnung:** schmitz-regensburg.de, schmitz-dueren.de, schmitz-heiligenhaus.de
> - **In Kombination mit Vornamen oder Doppelnamen:** schmitz-ebel.de, hubert-schmitz.de, franz-schmitz.de, hardy-schmitz.de
>
> Wie die rein zufällige Auswahl zeigt, erfreuen sich Bindestrich-Domains großer Beliebtheit bei der Gestaltung von Mehrwortdomains.

Ist ein bürgerlicher Familienname auch ein Marken- oder Unternehmensname, so sind bezüglich der Berechtigung zur Registrierung und Nutzung dieser Domain rechtliche Besonderheiten wie die **Verkehrsgeltung** des Namens und ein eventuell eingetragener **Markenschutz** zu berücksichtigen. Dies gilt auch für Künstlernamen, deren unbefugte Registrierung durch Dritte Marken- und Persönlichkeitsrechte verletzen kann.

Mit einer zunehmenden Prominenz und Präsenz in der öffentlichen Wahrnehmung bei einem hohen Bekanntheitsgrad ist zu überlegen, Domains des eigenen Namens zu registrieren, um dadurch (unbefugte oder unautorisierte) Nutzungsmöglichkeiten durch Dritte auszuschließen. Personen des öffentlichen Lebens haben in Deutschland laut einem Urteil des BGH (Rechtsstreit Kurt Biedenkopf gegen die DENIC eG: Aktenzeichen: I ZR 82/01) keinen Anspruch darauf, dass Domains mit deren Namen für eine Registrierung durch fremde Personen grundsätzlich gesperrt werden. Kurt Biedenkopf hatte während seiner Amtszeit als Ministerpräsident des Freistaates Sachsen von der DENIC eG eine unbefristete **Sperrung** der Domain kurt-biedenkopf.de verlangt. Ohne die Intention, diese selbst zu registrieren, wollte er ausschließen lassen, dass die

Domain von Dritten registriert werden könne. Der BGH hat dem nicht stattgegeben. Dem Namensinhaber, der die **Löschung** eines Domainnamens wegen Verletzung seiner Persönlichkeitsrechte veranlassen kann, steht darüber hinaus kein Anspruch auf „Sperrung" des Domainnamens für jede zukünftige Registrierung durch Dritte zu (BGH 2004). Die einzige Möglichkeit der Verhinderung einer missbräuchlichen Verwendung ist die Registrierung solcher Domains in eigenem Namen. Die DENIC eG hat nach ihrer Geschäftsordnung nicht die Aufgabe, bei einer Registrierung zu prüfen, ob Marken- oder Namensrechte verletzt sind (BGH 2004). Unter der Domain www.kurt-biedenkopf.de findet man heute (Stand 30. Januar 2020) eine Website der Stiftung Frauenkirche Dresden.

3.2 Unternehmens- und Markenname

Aus der Marketingperspektive ist die Domain als Marken-, Produkt- und Unternehmensname die eindeutigste Kennzeichnung eines Onlineangebotes im **World Wide Web** und daher häufig die Idealform einer prägnanten und unverwechselbaren Adressierung über den Domainnamen. Für traditionelle, langjährig etablierte und häufig seit mehreren Generationen erfolgreich am Markt präsente Unternehmen ergab sich zu Beginn des Internetzeitalters mit der Einführung des **Domain Name Systems** die zwingende Notwendigkeit, dass der Firmenname und die bekannten Marken und Produkte unverzüglich mit namensidentischen Domains registriert wurden (Samland 2001). Notwendig und wichtig deshalb, um den bei den Zielgruppen allseits bekannten Firmen- und Markenkennzeichen auch im Internet entsprechen zu können, damit man offline wie auch online als identisches Unternehmen wahrgenommen wurde (Wurster 2001). Nicht allen war dies rechtzeitig gelungen, wie prominente Beispiele von Domainrechtsstreitigkeiten in Abschn. 4.1 illustrieren.

War der gewünschte Domainname bereits registriert, so ergaben sich drei Handlungsoptionen:

- Es musste geprüft werden, ob Namens- und Markenrechte verletzt wurden und ob die Herausgabe der bereits registrierten Wunschdomain juristisch durchgesetzt werden konnte

- Um zu einer schnellen Lösung zu gelangen und langwierige Rechtsstreitigkeiten zu vermeiden, konnte versucht werden, den Domaininhaber gegen Zahlung eines Geldbetrages zur Abtretung und Übertragung der Domain zu motivieren (siehe Abschn. 7.2)
- Es wurde nach einer abweichenden Namenskonvention gesucht, die in der Form noch nicht registriert war, was bedeutet hätte, in der Offline- und Onlinewelt keine Namensidentität zu führen

Wie Tab. 3.1 an Beispielen aufzeigt, ist es vielen traditionellen Industrie- und Handelsunternehmen gelungen, ihren etablierten, einer breiten Öffentlichkeit bekannten Unternehmensnamen sowohl als .de- wie auch als .com-Domain zu registrieren.

Neben einigen multinationalen Großunternehmen sind auch viele klein- und mittelständische Betriebe nach dem Firmengründer oder Firmeninhaber benannt, deren Interessen nach einer namensidentischen Onlinepräsenz konnten und können häufig mit Namenszusätzen oder

Tab. 3.1 Firmen- und Domainnamen etablierter Industrie- und Handelsunternehmen (Eigene Darstellung)

Unternehmen	.de- und .com-Domains
Adidas (Sportartikel)	adidas.de → deutschsprachige Website adidas.com → Weiterleitung je nach ausgewählter Sprachversion auf adidas.de oder adidas.com/us (englischsprachige Website)
Bayer (Chemie und Pharma)	bayer.de → deutschsprachige Website bayer.com → englischsprachige Website
Beiersdorf (Kosmetik und Pflege)	beiersdorf.de → deutschsprachige Website beiersdorf.com → englischsprachige Website
EDEKA (Einzelhandel)	edeka.de → deutschsprachige Website edeka.com → Weiterleitung auf edeka.de
Henkel (Konsumgüter)	henkel.de → deutschsprachige Website henkel.com → englischsprachige Website
REWE (Einzelhandel)	rewe.de → deutschsprachige Website rewe.com → Weiterleitung auf rewe.de
Siemens (Technologie)	siemens.de → deutschsprachige Website siemens.com → englischsprachige Website
Volkswagen (Automobile)	volkswagen.de → deutschsprachige Website volkswagen.com → englischsprachige Website

Online-Recherche im Januar 2020

Namenserweiterungen umgesetzt werden (siehe dazu nochmal die Beispiele zur Namensdomain Schmitz im vorherigen Abschnitt). Heute lässt sich bei **Neugründungen** in der **Internetökonomie** eher eine Abwendung von Familiennamen als gleichlautende Firmennamen konstatieren, da einerseits bürgerliche Familiennamen vielfach als Domains bereits belegt sind und es über den alleinstehenden Familiennamen schwerfällt, eine unverwechselbare und prägnante Marke aufzubauen, anders als es im 19. und 20. Jahrhundert mit Familiennamen wie Siemens, Henkel, Haniel, Bosch oder Krupp noch global realisiert werden konnte.

> **Merke!**
>
> In der zunehmend vom Multi- und Omni-Channel-Vertrieb dominierten Produkt- und Leistungsvermarktung durch die Kombination stationärer Vertriebskanäle mit Onlinepräsenzen ist die namensgleiche Markendomain mehr denn je ein integraler Bestandteil der Markenführung, Markenkommunikation und Markenidentität.

Für die Implementierung einer Markenstrategie können verschiedene Ansätze ausgewählt werden. Zu unterscheiden sind die drei Ausprägungen Einzelmarken-, Mehrmarken- und Markenfamilie- bzw. Dachmarkenstrategie. Mit einer **Einzelmarkenstrategie** wird jedes Produkt bzw. jede Leistung einer Marke zugeordnet (Kollmann 2016, S. 190). Dabei können **Dienstleistungsmarken** (eventim.de, airbnb.de) oder **Produktmarken** (nutella.com/de, cocacola.de, haribo.com/de) unterschieden werden (Kreutzer 2018, S. 129). Amazon positioniert sich als globale Einzelmarke, indem es als eine Art Onlineuniversalwarenhaus mit einer Vielzahl von Produktkategorien unter einem Dach punktet. Mit einer **Mehrmarkenstrategie** adressiert ein Anbieter den Markt mit unterschiedlichen Produkten und Leistungen. Das Ziel ist eine differenzierte **Kundenansprache**, um verschiedene Segmente einer gleichen Verwendergruppe bedürfnisorientiert anzusprechen (Kollmann 2016, S. 190). Hierbei leiten sich, wie beispielsweise bei Apple, verschiedene Marken (iphone, ipod, ipad) ab, die für sich stehen und vermarktet werden. Von einer **Markenfamilie- bzw. Dachmarkenstrategie** wird gesprochen, wenn mehrere Produkte oder Leistungen unter einer gemeinsamen

Marke vertrieben werden (Kollmann 2016, S. 191). Bei Markenfamilien und Dachmarken separiert das Unternehmen seine Vermarktung über verschiedene zielgruppenadressierende Domainnamen. Das Unternehmen Scout24 AG bietet als **Kernleistung** die provisionsbasierte Vermittlung von Angebot und Nachfrage über E-Marketplaces. Aus der Kernleistung des Matchings von Anbieter und Interessenten leiten sich Geschäftsmodelle wie autoscout24, immobilienscout24 und jobscout24 ab (Kollmann 2016, S. 191). Somit ergeben sich mit der Registrierung des Unternehmensnamens, unter deren namensidentischer Domain in den meisten Fällen die Corporate Website als Gesamtauftritt des Unternehmens subsumiert ist, weitere Registrierungsbedarfe aus den Marken- und Produktnamen des Unternehmens ab, um diese mit eigenständigen Onlinepräsenzen zu führen, wie das folgende Beispiel zeigt.

> **Unternehmens- und Markendomains von Ferrero**
>
> Der italienische Süßwarenhersteller Ferrero findet sich in Deutschland online mit der Domain www.ferrero.de namensidentisch unter seinem angestammten Firmennamen. Daneben führen wichtige Marken und Produkte des Süßwarenherstellers eigene Domains und damit auch eigene Onlinepräsenzen, beispielsweise Duplo unter www.duplo.de, Nutella unter www.nutella.com/de, Hanuta unter www.hanuta.de, Giotto unter www.giotto.de oder Mon Cheri unter www.moncheri.de.

3.3 Gattungsbegriffe und beschreibende Namen

Eine **generische Domain** ist eine Domain, deren Second-Level-Domainname ein Gattungsbegriff oder beschreibender Begriff ist. Ein generischer Domainname kann als **Second-Level Domain** einer generischen TLD vorangestellt sein, sodass sowohl Second- wie auch Top-Level Domain beschreibender Natur sind. Beschreibende Domainnamen können häufig verwendete und verkehrsgebräuchliche Gattungsbegriffe sein, beispielsweise für Waren- oder Produktkategorien wie bei fluege.de, reisen.de, buch.de, computer.de, kaffee.de, bier.de, wein.de oder versicherung.de. Generische Begriffe haben den großen Vorteil, dass sie einen unverkennbaren Rückschluss auf die Produkte zulassen, die über die damit konnektierte Website präsentiert und vermarktet werden (Kollewe und Keukert 2016, S. 107).

Begriffe dieser Art können in ihrer angestammten Bedeutung in der Regel nicht als **Einwortmarke** geschützt werden, da sie fest im allgemeinen Sprachgebrauch verankert sind und eine ausgeprägte **Verkehrsgeltung** genießen (Samland 2001). Anders gestaltet sich die Ausgangslage, wenn unter Einbindung eines Gattungsbegriffs **Mehrwortmarken** kreiert und als **Marke** profiliert werden. Neben dieser eingeschränkten Schutzwürdigkeit von Gattungsbegriffen fällt eine Unternehmens- und Markenprofilierung unter einer solchen Domain schwer, da **Suchmaschinen** unter gängigen Keywords eine Vielzahl an relevanten Ergebnissen aufzeigen. Eine Domain, die aus einem solchen **Keyword** besteht, wird von Suchmaschinen wie Google nicht mehr höher als andere Domainnamen in ihrer **Relevanz** bewertet.

Heutzutage wäre es zudem eine große Herausforderung, noch einen beschreibenden, selbsterklärenden und zudem für die Vermarktung attraktiven Gattungsbegriff ohne Präfixe oder Suffixe als freien Domainnamen zu finden, da viele dieser Begriffe bereits in der Pionierphase und den Anfangsjahren des Internets registriert wurden. Dennoch sind generische Domains aufgrund ihres Potenzials an kommerzieller Verwertbarkeit sehr begehrt, da sie selbsterklärend und einprägsam sind und außerdem von den Internetnutzern häufig als **Type-Ins** in die Suchzeile des Webbrowsers eingegeben werden (Samland 2001). Beschreibende Domains als Gattungsbegriff werden als Informationsportale genutzt, die ein fundiertes Allgemein- und Hintergrundwissen zum mit dem Gattungsbegriff verbundenen Themenspektrum vermitteln. Sie können aber auch mit einer Direktverkaufs- oder Marktplatzfunktion verbunden sein, wenn beispielsweise ein Branchenverband oder Unternehmensverbund eine solche generische Domain für die Angebotspräsentation nutzt. Tab. 3.2 zeigt einige Beispiele von Einwortdomains, die als Gattungsbegriffe eine Waren-, oder Produktkategorie oder eine Dienstleistung repräsentieren.

Tab. 3.2 Gattungsbegriffe als generische Second-Level-Domainnamen (Eigene Darstellung)

Domain	Kategorie	Websitebetreiber
kaffee.de	B2B-Onlineshop	Kaffee.de GmbH
bier.de	Informations- und Werbeplattform	Cyberstore GmbH
wein.de	Onlineplattform für Winzer	DLG Verlag GmbH
schuhe.de	Verkaufsplattform für Schuhhändler	ANWR Media GmbH
moebel.de	Verkaufsplattform für Möbelhändler	moebel.de Einrichten & Wohnen AG
hotel.de	Buchungsportal	HRS GmbH
fluege.de	Buchungsportal	Invia Flights Germany GmbH
reisen.de	Buchungsportal	Invia Travel Germany GmbH

Onlinerecherche im Januar 2020

3.4 Kunst- und Fantasienamen

Bei der Bildung von Produkt-, Marken- und Unternehmensdomains können mit der Firma und ihrem Leistungsangebot nicht in einem selbsterklärenden Zusammenhang stehende Kunstnamen kreiert werden. Vor allem **Unternehmensgründer** stehen vor der Herausforderung, einen Firmennamen in Abstimmung mit der Registrierbarkeit einer namensidentischen Domain zu bilden, um eine durchgängige Adressierung in der physisch-stationären wie auch in der online-virtuellen Welt sicherstellen zu können. Viele **Start-ups** kreieren Kunstnamen, deren Bezeichnung das Leistungsangebot des Onlineshops oder die Herkunft des Unternehmens zwar nicht widerspiegelt, aber eine einheitliche Registrierung in allen gewünschten Top-Level Domains ermöglicht (Kollmann 2013, S. 230). Der Kreativität der Namensgebung sind dabei nur die Restriktionen der **Domain Name Registries** aus der Kombination von Buchstaben, Zahlen und Zeichen sowie gesetzliche Beschränkungen und Verbote hinsichtlich der Verwendung rechtswidriger Begriffe gesetzt.

Der Trend zur Bildung von Kunst- und Fantasienamen, nicht nur bei Unternehmens-, sondern auch bei Marken- und Produktnamen, hat sich mit der exponentiell wachsenden Verdichtung des Onlineangebotes durch die enorme Vielzahl von Websites enorm verstärkt. Ein **Engpass** zeigt sich vor allem bei populären TLDs, wo sich durch die vielen registrierten Domains der Gestaltungsspielraum für eine attraktive Namensbildung immer weiter einschränkt. Gleichwohl haben sich auch schon die Internetkonzerne aus der Pionierzeit der kommerziellen Nutzung des Internets, beispielsweise Google, Yahoo, Lycos, eBay, YouTube oder Amazon der Bildung von Kunst- und Fantasienamen bedient.

Der Kunst- oder Fantasiename ist ein neu gebildetes Wort, eine Wortkreation, die bisher gar nicht existierte, kaum genutzt oder in einem völlig anderen Bedeutungszusammenhang verwendet wurde. So kann beispielsweise das Wort Yahoo für das gleichnamige Unternehmen auch als verbaler Ausdruck eines Freudenschreis interpretiert werden. Yahoos sind gleichfalls fiktive Wesen in Jonathan Swifts Buch „Gullivers Reisen" (Gottschalck 2015). Der Name Starbucks für die gleichnamige US-amerikanische Kaffeehauskette soll sich der Firmenlegende nach aus dem Roman „Moby Dick" von Herman Melville ableiten, in dem ein Seemannsoffizier den Namen Starbuck trug. (Gottschalck 2015). Ein Kunst- oder Fantasiename ist eine Wortkreation, deren Sinn sich häufig nicht auf den ersten Blick erkennen lässt und auch deren Bedeutung sich erst aus der Kenntnis des Namensfindungsprozesses ableiten lässt. Dabei ranken sich manchmal skurrile und humorvolle Anekdoten rund um die Namensfindung, die die Unternehmen auch gerne nach außen kommunizieren.

Unterscheiden kann man generisch angelehnte oder aus einem generisch ableitbaren Wortstamm gebildete Kunstnamen von rein abstrakten Kunst- bzw. Fantasienamen ohne sich unmittelbar erschließender Bedeutung (Samland 2001). Bei generisch angelehnten oder abgeleiteten Kunstnamen ist in einer gewissen Deutungsinterpretation erkennbar, um welche Art von Angebot es sich bei der entsprechenden Domain handelt. So lassen angebots- und zielgruppenorientierte Kunstnamen (Kreutzer 2018, S. 130) wie elitepartner.de und parship.de auf eine Partnervermittlung schließen, bei dem Namen tinder.de auf den ersten Blick eher weniger.

> **Herkunft und Bedeutung des Namens Google**
>
> Das Wort googol ist ein mathematischer Ausdruck für die größte Zahl der Welt: 10^{100} (eine 1 mit 100 Nullen) und inspirierte den Suchmaschinendienst Google zur Namensfindung. Für den Google-Gründer Larry Page war dies der ideale Unternehmensname für eine Suchmaschine, da dieser die nahezu unvorstellbare Weite des Internets zum Ausdruck brachte (Dashevsky 2019).

Bei **generisch orientierten Kunstnamen** liegt der Domain ein bekannter (mit dem Markeninhalt verbundener) Begriff zugrunde, bei dem sichergestellt ist, dass der Begriff im Wettbewerbsumfeld nicht häufig (am besten gar nicht) genutzt wird und trotz beschreibender Tendenzen eine Schützbarkeit oder Schutzfähigkeit als **Wortmarke** möglich ist (Samland 2001). Generisch abgeleitete Kunstnamen beinhalten somit einen direkt erkennbaren Produkt-, Leistungs- oder Unternehmensbezug, während **rein abstrakte Kunst- und Fantasienamen** solche Bezüge meist nicht erkennen lassen. Solche Namen haben in den meisten (Welt-) Sprachen semantisch und phonetisch keine offensichtliche Bedeutung (Samland 2001). Sie müssen mit der Markteinführung und Marktdurchdringung häufig erst bei der Zielgruppe über Jahre hinweg kognitiv und emotional aufgeladen (Kollmann 2013, S. 230) und über intensives **Marketing**, kundenorientierten Service, Qualität und einem konsistenten Preis-/Leistungsverhältnis als Marke in den **Absatzmärkten** profiliert werden (Samland 2001). Diese Namen müssen „gelernt" und verinnerlicht werden, bieten aber je nach einzigartiger oder gut unterscheidbarer Wortkreation das Potenzial einer stärkeren **Alleinstellung** gegenüber artverwandten Begriffen. Dies kann dazu führen, dass die Unternehmensmarken zum Synonym für eine spezifische Leistung oder eines Angebotes werden (Kollmann 2013, S. 230), wie Googeln für die Informationssuche oder Tindern und Parshippen für das Onlinedating. Diese Namen sollten möglichst kurz und phonetisch einfach gestaltet sein (Samland 2001), wie dies beispielsweise bei Bing, Napster, Momox oder Etsy gegeben ist. Eine abgeschwächte Version zum Kunstnamen ist ein

Hybridname, also die Verschmelzung zweier bereits bestehender Begriffe, die sich aus gebräuchlichen Keywords oder Keywordkombinationen zusammensetzen, wie beispielsweise helpling.de (Vermittlungsportal für Reinigungskräfte), musicload.de (Musik- und Gamingportal), Siemens Healthineers (als Zusammensetzung von Health und Engineer) oder hellofresh.de (Kochboxenanbieter).

Keyword- oder keywordangelehnte Domains haben Schwierigkeiten mit der Alleinstellung und einer klaren und prägnanten **Positionierung**, wenn viele **Wettbewerber** in einem hart umkämpften Markt sich solcher Wortkreationen bedienen wie das folgende Beispiel demonstriert:

> **Kunstnamen (Hybridnamen) mit dem Wortstamm Immo für Immobilien**
>
> Domainnamen wie immonet, immopool, immowelt, immoforless, immoprofi, immoportal, immobilo, yourimmo und immobilienscout24 repräsentieren durch ihren Namenskern „immo" zwar schon eindeutig das Angebot einer Immobilienvermittlung, die vielen Anbieter, die sich des Wortstamms bedienen, lassen sich semantisch und phonetisch eher schwer auseinanderhalten.

Kunst- oder Fantasienamen haben einige Vorteile gegenüber generischen Namen. Das Herkunftsland des Anbieters ist aus dem Namen kaum ableitbar, Baidu beispielsweise würde man ohne Kenntnis des Unternehmensursprungs nicht unbedingt im asiatischen Raum verorten, Alibaba vielleicht eher im Nahen Osten und nicht in China. Das **markenrechtliche Konfliktpotenzial** ist bei Kunst- oder Fantasienamen wesentlich geringer, diese lassen sich im Gegensatz zu Gattungsbegriffen und generisch-beschreibenden Namen leichter als Wortmarke schützen. Trotz oder gerade wegen ihrer fehlenden Bedeutung oder ihrem nicht direkt nachvollziehbaren Bedeutungszusammenhang (man könnte aus den vielen im Internet präsenten Kunstnamen fast schon ein Quizspiel ableiten) sind sie in einer einfachen und prägnanten Formulierung global einsetzbar, da sie sprachlich universell sind. Kunstnamen werden häufig aus **Anglizismen**, **Latinismen** (dem altsprachlichen Latein entlehnt) oder **Hispanismen** (spanische und lateinamerikanische Herkunft) gebildet. Der Kreation von Kunstnamen sind keine semantischen und lautmalerischen Grenzen gesetzt. In der Gestaltung kann der Fantasie, Kreativität und Imagination freien Lauf gelassen werden. Tab. 3.3 zeigt an einigen Beispielen Kunst- und Fantasienamen mit beschreibenden Sortiments-, Produkt- und Leistungsbezug. Tab. 3.4 zeigt anhand von Beispielen Kunst- und Fantasienamen ohne beschreibenden Sortiments-, Produkt- und Leistungsbezug. Auffällig ist

Tab. 3.3 Namenskreationen mit beschreibenden Sortiments-, Produkt- oder Leistungsbezug (Eigene Darstellung)

Domainname	Sortiments-, Produkt- oder Leistungsprogramm
tripadvisor	Hotel- und Restaurantbewertungen. Erfahrungsberichte, Reisen, Reiseziele und Sehenswürdigkeiten
holidaycheck	Hotel- und Reisebewertungen. Buchungsportal
airbnb	Marktplatz für die Buchung und Vermietung von (temporär nutzbaren), primär privaten Unterkünften
kicktipp	Internetplattform für Fussball-Tippspielgemeinschaften und weitere Sportarten
helpling	Vermittlungsportal für (versicherte) Reinigungskräfte für den vornehmlich privaten Haushalt
shirtinator	Plattform mit einem Onlinekonfigurator für die Eigenkreation von T-Shirts, Hoodies und Pullovern
radfieber	Fahrradgeschäft mit Werkstatt
rebuy	Plattform für den An- und Verkauf von Second-Hand-Ware
lieferando	Lieferdienst für bestelltes Essen und Getränke
flaschenpost	Lieferdienst für Getränke

Onlinerecherche im Januar 2020

Tab. 3.4 Namenskreationen ohne beschreibenden Sortiments-, Produkt- oder Leistungsbezug (Eigene Darstellung)

Domainname	Sortiments-, Produkt- oder Leistungsprogramm
mirapodo	Schuhe, Bekleidung, Accessoires
modomoto	Curated Commerce Herrenbekleidung und Accessoires
trivago	Hotelsuche und Preisvergleich
swoodoo	Hotels, Flüge- und Mietwagenvermittlung
evaneos	Reiseplanung und Reisebuchung
momox	Plattform für den An- und Verkauf von Second-Hand-Ware
uber	Fahrdienstvermittlung
quoka	Kleinanzeigenportal

Online-Recherche im Januar 2020

die häufige Verwendung des Letters „o" als Namensendung. Im Internet finden sich viele Websites mit der Namensendung „do" wie lieferando, zalando, jimdo, opodo, tirendo, kalaydo, momondo, aminando, escando, jomondo, kindo, merkando, mercateo, die Liste ließe sich beliebig fortschreiben.

> **Ihr Transfer in die Praxis**
> - Schauen Sie doch mal, wer Ihren Familiennamen als Domain reserviert hat.
> - Überprüfen Sie in den Domaindatenbanken, ob Sie ihren Familiennamen mit Zusätzen, wie beispielsweise einer Ortsangabe oder anderen ergänzenden Merkmalen aus dem beruflichen oder privaten Kontext, noch reservieren könnten.
> - Recherchieren Sie, mit welchen Domainnamen die Wettbewerber ihre Onlinepräsenzen adressieren.

Literatur

BGH. (2004). Rechtsstreit kurt-biedenkopf.de. Urteil I ZR 82/01. http://juris.bundesgerichtshof.de/cgi-bin/rechtsprechung/document.py?Gericht=bgh&Art=pm&Datum=2018&nr=29142&linked=urt&Blank=1&file=dokument.pdf. Zugegriffen am 20.01.2004.
Dashevsky, E. (2019). So kamen Bluetooth, eBay, Amazon & Co. zu ihren Namen. https://www.pcwelt.de/ratgeber/So_kamen_Bluetooth__eBay__Amazon___Co._zu_ihren_Namen-Markennamen-8516759.html. Zugegriffen am 16.04.2019.
Gottschalck, A. (2015). Amazon, Ikea & Co. Wo kommen bloß die Namen der Weltfirmen her? https://www.manager-magazin.de/unternehmen/industrie/die-herkunft-der-firmennamen-von-google-co-a-1049708.html. Zugegriffen am 16.04.2019.
Kollewe, T., & Keukert, M. (2016). *Praxiswissen E-Commerce. Das Handbuch für den erfolgreichen Onlineshop*. Heidelberg: dpunkt.
Kollmann, T. (2013). *Online-Marketing*. Stuttgart: Kohlhammer.
Kollmann, T. (2016). *E-Entrepreneurship*. Wiesbaden: Springer Gabler.
Kreutzer, R. (2018). *Praxisorientiertes Online-Marketing*. Wiesbaden: Springer Gabler.

Samland, B. M. (2001). Namefinding für E-Brands. https://www.absatzwirtschaft.de/namefinding-fuer-e-brands-487/. Zugegriffen am 15.11.2019.
Wurster, B. (2001). Persönlichkeitsrechtsverletzungen im Internet. https://www.jurpc.de/jurpc/show?id=20010249. Zugegriffen am 15.11.2019.

4
Rechtliche Regelungen: Domainrecht

> **Was Sie aus diesem Kapitel mitnehmen**
>
> - Welchen rechtlichen Vorgaben die Gestaltung, Registrierung und Nutzung von Domains unterliegt
> - Welche Restriktionen nach allgemein anerkannter höchstrichterlicher Rechtsprechung bindend sind
> - Mit welchen Argumenten die Gerichte ihre Urteile bei Domainstreitsachen in Bezug auf die Anspruchsgrundlage des Namensrechts begründet haben
> - Was Markeninhaber beachten müssen, damit sie präventiv aufwändige Rechtsstreitigkeiten um ihre Markenrechte vermeiden
> - Wie das Wettbewerbsrecht die unlautere Registrierung und Nutzung von den freien Wettbewerb behindernden Domainnamen auslegt

Ein „Domainrecht" in Form eines eigenständigen Gesetzes existiert zwar nicht, gleichwohl unterliegt die Registrierung und Nutzung von Domains und Domainnamen je nach Streitfrage und Streitgegenstand rechtlichen Vorgaben, Normen und Restriktionen, die aus verschiedenen Gesetzen bedient und angewendet werden. Die Registrierung und Nutzung von Domainnamen im geschäftlichen Verkehr wird durch das **Markenrecht** im Markengesetz (MarkenG) und das **Wettbewerbsrecht** (UWG) determiniert. Zudem greift bei Namensstreitigkeiten das **Namensrecht** des Bürgerlichen Gesetzbuches (BGB). Ein hohes Potenzial für Domainrechtsstreitigkeiten ist dadurch bedingt, dass jede Domain nur einmal vergeben werden kann. Über die Jahrzehnte hinweg haben Klagen zu Rechtsstreitigkeiten und deren Urteile die nachfolgende Rechtsprechung in grundsätzlichen Fragen zum Domainrecht bereits konkretisiert. Dennoch finden sich immer wieder Fälle einer unbefugten und missbräuchlichen Registrierung und Verwendung von Domains, für deren Klärung die Gerichte angerufen werden müssen. Dies betrifft heute nicht mehr so häufig das Namensrecht, sondern vornehmlich sind es im ökonomischen Kontext Fälle von Markenrecht- und Wettbewerbsverletzungen. Klagen wegen Domainstreitigkeiten beziehen sich in nahezu allen Fällen auf den Domaininhaber als natürliche oder juristische Person.

Mit der erfolgreichen Domainregistrierung erwirbt der Domaininhaber ein vertraglich gegenüber der **Domain Name Registry** bindendes alleiniges **relatives Nutzungsrecht** (Bröcher 2007, S. 185). Die Inhaberschaft an einer registrierten Domain bedeutet, dass der **Domaininhaber** jederzeit das Nutzungsrecht unter Einhaltung der von der Domain Name Registry vorgegebenen Modalitäten und Fristen kündigen kann, ohne dass es dazu vorher der Übertragung der Inhaberschaft an einen Dritten bedarf. Da eine Domain einen Vermögenswert darstellt, kann der Domaininhaber auch anstelle der Kündigung seine Rechte an der Domain veräußern, verpachten, verschenken oder vererben.

Die Domain Name Registry DENIC eG überprüft bei der Registrierung von Domains keine Verletzungen von Namens- oder Markenrechten. Die Verantwortung für etwaige Rechtsverletzungen liegt somit beim Domaininhaber, es sei denn, der Domain Name Registry selber kann eine **Rechtsverletzung** nachgewiesen werden. Urteile in der Rechtsprechung gegen die DENIC eG manifestieren die Erwartung, dass grobe, unschwer zu erkennende Namensrecht- oder Markenrechtsverletzungen, die auf einen eindeutigen Missbrauch hinweisen (beispielsweise bei Registrierungsanträgen zu verbotenen, rechtswidrigen Begriffen oder offenkundig nicht berechtigter Antragsteller) bei der Registrierungsprüfung erkannt und infolgedessen die Registrierung abgelehnt oder eine bereits erfolgte Registrierung gelöscht wird. Dies entschied 2011 der BGH in der Klage des Freistaates Bayern gegen die Registrierung von Domainnamen seiner Regierungsbezirke mit dem Zusatz „Regierung" (beispielsweise „regierung-oberfranken.de") durch Unternehmen mit Sitz in Panama (BGH 2011).

Cybersquatting oder auch **Domainsquatting** kennzeichnet das Registrieren von Domainnamen ohne beabsichtigte Eigennutzung zum alleinigen Zweck einer gewinnbringenden Veräußerung (Bardehle Pagenberg 2014, S. 7). Dies betrifft vor allem Unternehmens-, Personen- und Markennamen, deren Domainregistrierung durch diejenigen versäumt wurde, denen man ein originäres Interesse an der Domainnutzung unterstellen muss. Diese haben durch dieses Versäumnis das Nachsehen gegen das von vielen Domain Name Registries angewandte **Prioritätsprinzip** des „First Come – First Served". Die unbefugte Registrierung von Personennamen wird als **Namejacking**, jene von Markennamen oder einen Markennamen beinhaltenden Domains als **Brandjacking** bezeichnet (Schulz 2010). Sieht der durch ein Name- oder Brandjacking Geschädigte Namens- und Markenrechte verletzt, so kann er juristische Schritte über den ordentlichen Rechtsweg einleiten, ein **Schiedsgerichtsverfahren** oder die Schlichtungsverfahren der **ICANN** bemühen. Um langwierige Rechtsstreitigkeiten zu vermeiden, wird gegebenenfalls der (auch einer viel zu hohen) Preisforderung des Cybersquatters entsprochen, um eine schnelle Lösung für die Herausgabe und Übertragung der Domain zu finden (Bardehle Pagenberg 2014, S. 7). Insbesondere dann, wenn die registrierte Domain eine ähnliche, sich nur geringfügig unterscheidende Namensschreibung beinhaltet oder der Cybersquatter die mit der beanstandeten Domain konnektierte Website mit rufschädigenden Inhalten (beispielsweise Rassismushetze, Frauenfeindlichkeit, Diskriminierung), kriminellen Handlungen (beispielsweise illegale Downloads, Raubkopien, Plagiate) oder anstößiger Werbung hinterlegt hat und dadurch die Unternehmensreputation schädigt.

Anticybersquatting Consumer Protection Act (ACPA)

In den USA wurde bereits 1999 in Ergänzung zum US-Markenrecht mit dem ACPA ein Gesetz zum Schutz vor Cybersquatting erlassen, welches zur Anwendung kommt, wenn der Kläger nachweisen kann, dass der Beklagte böswillig von der (unberechtigten) Nutzung der Marke als registrierten Domainnamen profitiert hat. Das Gesetz soll Verbraucher vor Irreführung schützen und die Rechtsansprüche von Markeninhabern gegen Domainmissbrauch stärken (IONOS 2018).

Das **Domaingrabbing** bezieht sich eher auf die Registrierung gebräuchlicher Gattungsbegriffe und beschreibender Namen, bei der ebenfalls keine seriöse Eigennutzung vorausgesetzt wird und dem alleinigen Zwecke eines **Domainverkaufs** dient (Bardehle Pagenberg 2014, S. 7). Mit der Registrierung, auch einer massenhaften Registrierung von beschreibenden Domainnamen zum Zwecke des späteren Verkaufes handelt es sich um eine „im Grundsatz anerkannte geschäftliche Betätigung", dies gilt auch dann, wenn sehr ähnliche Domainnamen bereits existieren (Wedell 2014). Mit **Typosquatting** wird das bewusste Registrieren von etablierten Domainnamen sehr ähnlich lautenden Tippfehlerdomains bezeichnet, über die Internetnutzer durch ihre Falscheingabe des Domainnamens zu einer anderen als der eigentlich gesuchten Website geleitet werden. Cybersquatter, Typosquatter und Domaingrabber gehen vielfach proaktiv auf Interessenten oder Interessengruppen zu, bei denen sie einen ausgeprägten Wunsch am Erwerb dieser Domains vermuten und bieten diese zum Kauf an.

Weitere die Registrierung und Nutzung von Domains und die Domaininhaberschaft anwendbare Rechtsvorschriften gelten für das Rechtsgeschäft des Kaufs und Verkaufs von Domains durch die im **Bürgerlichen Gesetzbuch** (BGB) verankerten Rechtsvorschriften des Vertrags- und Kaufrechts. Rechtsansprüche an der Domainpfändung bei einem schuldrechtlichen Verhältnis leiten sich aus der **Zivilprozessordnung** (ZPO) ab. Die **Insolvenzordnung** (InsO) bildet die rechtliche Grundlage für die Veräußerung von Domains als immaterielle Vermögensgegenstände aus der Insolvenzmasse (siehe dazu auch Abschn. 7.3). Abb. 4.1 zeigt im Überblick die für das Domainrecht geltenden rechtlichen Verordnungen.

In den folgenden Abschnitten werden die relevanten rechtlichen Regelungen in Bezug auf das Namensrecht, das Markenrecht sowie das Wettbewerbsrecht dargestellt und mit Beispielen aus der Rechtsprechung erläutert.

4 Rechtliche Regelungen: Domainrecht

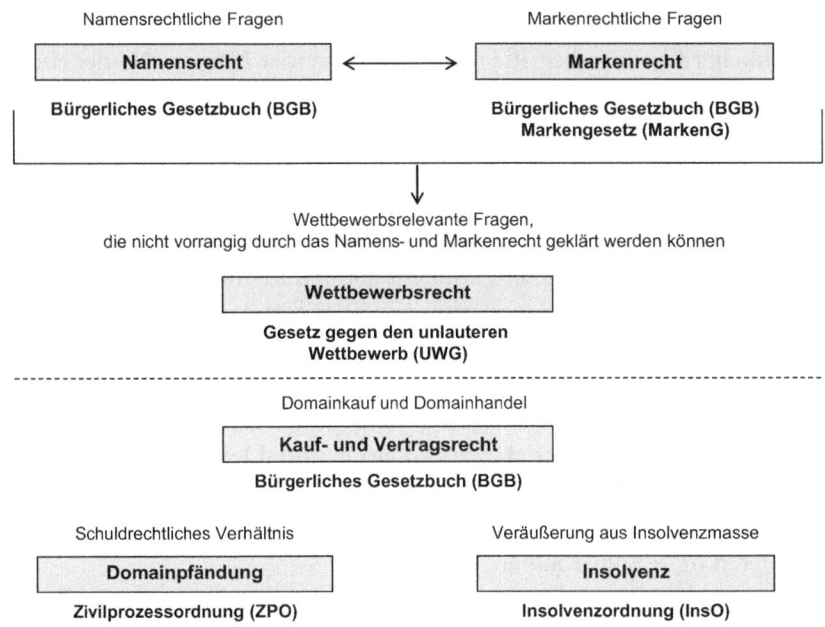

Abb. 4.1 Anspruchsgrundlagen der Domainrechtsprechung (Eigene Darstellung)

4.1 Domains und Namensrecht

Der Name und auch die Funktion eines Namens, beispielsweise ein Künstlername, ist nach § 12 BGB geschützt. Das **Namensrecht** des BGB wird in Anspruch genommen, wenn schutzwürdige Interessen des Namensträgers verletzt werden, dies kann der Fall sein, wenn der Name einer natürlichen oder juristischen Person zur Kennzeichnung einer Domain verwendet wird (Wurster 2001). Dies hat bereits zu einer Vielzahl von Gerichtsverfahren geführt. Im Falle einer **Namensanmaßung** nutzt ein Domaininhaber unbefugt einen fremden Namen, um von der Bekanntheit dieses Namens zu profitieren (Gräbig 2007, S. 152). Bereits in der Registrierung eines fremden Namens als Domainname liegt eine Namensanmaßung und damit eine Verletzung des Namensrechts derjenigen, die diesen bürgerlichen Namen tragen (BGH 2003). Die Ausgangslage gestaltet sich anders, wenn bei einer **Namensgleichheit** keine unbefugte oder missbräuchliche Nutzung zugrunde liegt. In Fällen der

Namensgleichheit können sich sowohl Domaininhaber wie auch der Kläger gleichermaßen auf das Namensrecht berufen. Hier gilt es in der Rechtsprechung die Interessen zweier identischer Namensträger gegeneinander abzuwägen. Derjenige, der bei einer Namensidentität zuerst die Domain mit beispielsweise dem Familiennamen angemeldet hat, erhält nach dem **Prioritätsprinzip** des „First Come – First Served" das Recht zur Nutzung der Domain. Zwar wird das Prioritätsprinzip der **Domain Name Registries** von der Rechtsprechung grundsätzlich nicht infrage gestellt, es gilt jedoch nicht uneingeschränkt.

Ein Konflikt entsteht, wenn das natürliche Namensrecht einer Person mit dem Markenrecht von Unternehmensnamen kollidiert (Otto 2007). Dies ist immer dann der Fall, wenn bürgerliche Familiennamen, wie beispielsweise Siemens, Haniel, Thyssen oder Krupp, auch weithin sehr bekannte Unternehmensmarken sind und sich das Persönlichkeitsrecht einer natürlichen Person mit einer Unternehmenskennzeichnung, die auch den bürgerlichen Namen des Unternehmers oder Unternehmensgründers enthält, überschneidet (Wurster 2001). Die Rechtsprechung kann in solchen Fällen das Erstrecht der Anmeldung verwerfen. Das Namensrecht der natürlichen Person tritt in Fällen einer überragenden Verkehrsgeltung einer Namensmarke (Wurster 2001) aufgrund der offensichtlichen **Verwechslungsgefahr** hinter den individuellen Ansprüchen einer Person zurück (Otto 2007).

Domains und Namensrecht im Fall Shell

Der BGH (Bundesgerichtshof) entschied im Jahr 2001, das eine natürliche Person mit Familiennamen Shell seine ordnungsgemäß registrierte und privat genutzte Domain shell.de an den globalen Mineralölkonzern Shell abtreten muss (BGH 2001). Die Deutsche Shell GmbH hatte es versäumt, die Domain shell.de zu registrieren und klagte gegen den Domaininhaber. Das individuelle Namensrecht muss zurückstehen, wenn einer der Namensträger eine überragende Bekanntheit genießt. In diesem Fall, so die Begründung des Urteils, erwarten informationssuchende Onlinenutzer unter www.shell.de die Website des Mineralölkonzerns und nicht eine private Familienwebsite. Die Rücksichtnahme auf die überragende Verkehrsgeltung lässt es zumutbar erscheinen, dass die Privatperson seine Namensdomain mit einem unterscheidbar individualisierenden Zusatz versehe, um künftig eine Verwechslungsgefahr zu vermeiden (BGH 2001).

> **Domains und Namensrecht im Fall Krupp**
>
> In dem vom OLG Hamm 1998 unter dem Aktenzeichen: 4 U 135/97 beurteilten Domainstreitfall von Namensgleichheit führte der Beklagte den bürgerlichen Familiennamen Krupp, der zudem auch Bestandteil des Firmennamens einer von ihm betriebenen Internetonlineagentur war. Das OLG Hamm entschied, dass der Beklagte nur aufgrund der Namensgleichheit nicht befugt sei, „krupp.de" als Domain zu führen, da aufgrund der überragenden Verkehrsgeltung des Namens Krupp (Hinweis: zum Zeitpunkt des Rechtsstreites waren Krupp und Thyssen noch nicht fusioniert) für die deutsche Industriegeschichte und als Synonym für die Stahlindustrie Internetnutzer unter der Domain „krupp.de" auch das gleichnamige Unternehmen erwarten würden (JurPC 1998).

Streitfälle dieser Art waren eher in der Pionierzeit und in den ersten Entwicklungsjahren des Internets um die Jahrtausendwende an der Tagesordnung. Dies galt insbesondere dann, wenn Unternehmen mit überragender Verkehrsgeltung zurückhaltend in ihrer Beurteilung der künftigen Bedeutung des Internets waren und die ein oder andere Familien- oder Kleinunternehmerwebsite bereits unter einem identischen Namen registriert war. In der heutigen Zeit, wo das Internet allgegenwärtig ist, kann man kaum noch davon ausgehen, dass multinationale Großunternehmen, die unter ihrem Familiennamen firmieren, nicht auch unter der namensidentischen Domain zu finden sind.

4.2 Domains und Markenrecht

Das deutsche Gesetz über den Schutz von Marken und sonstigen Kennzeichen (Markengesetz – MarkenG) vom 25. Oktober 1994 (Novellierung 2019) regelt die Rechte an registrierten Marken. **Marken** sind nach der Definition des Gesetzes Zeichen, insbesondere Wörter, Buchstaben und Zahlen, die geeignet sind, Waren und Dienstleistungen eines Unternehmens zu kennzeichnen, um sie aus Kundensicht durch ein Nutzenbündel mit spezifischen Merkmalen nachhaltig von Konkurrenzangeboten zu unterscheiden (Meffert et al. 2015, S. 328). Marken werden in Deutschland beim **Deutschen Patent- und Markenamt** (DPMA) mit

Sitz in München angemeldet und dort nach Prüfung in das **Markenregister** eingetragen. Das Markenrecht billigt dem **Markeninhaber** einen umfassenden Schutz seiner Marke zu. Der Markeninhaber hat nach § 14 Abs. 1 MarkenG das alleinige Recht, seine Marke für die geschützten Waren und/oder Dienstleistungen zu nutzen (Backhaus 2007, S. 13 f.). Dritten ist es untersagt, ohne Zustimmung des Markeninhabers identische Kennzeichen zu nutzen oder Kennzeichen in Umlauf zu bringen, die durch eine nur geringe Veränderung eine hohe **Verwechslungsgefahr** und damit eine mangelnde Unterscheidbarkeit für den Verbraucher mit sich bringen könnten (Gräbig 2007, S. 149 f.). Für die Geltendmachung von Marken- und Kennzeichenrechten ist eine Benutzung im geschäftlichen Verkehr und eine damit verbundene Kenntnis der Marke in den beteiligten Verkehrskreisen erforderlich (Bardehle Pagenberg 2014, S. 5).

Die Normen des MarkenG sind auch für das Domainrecht relevant, da eine Domain als **Unternehmenskennzeichen** gilt. Schon die Registrierung, nicht erst die Benutzung eines fremden Unternehmenskennzeichens als Domainname im geschäftlichen Verkehr stellt einen unbefugten Namensgebrauch nach § 12 BGB dar. Bei jeder Einzelfallprüfung stellt sich die Frage, inwieweit eine der geschützten Marke ähnliche Domain eines Domaininhabers den Tatbestand der Irreführung und Verwechslungsgefahr erfüllt. Der Markeninhaber als Kläger kann nach §§ 14 und 15 MarkenG die **Unterlassung** einer rechtswidrigen Domainnutzung von gesetzlich geschützten Firmen- und Markennamen und Anspruch auf **Schadenersatz** geltend machen (Gräbig 2007, S. 159 f.).

Die Verantwortung für die rechtskonforme Anmeldung eines Domainnamens obliegt dem Antragsteller. Vor einer Domainregistrierung ist daher eine **Namens- und Markenrecherche** im Markenregister des DPMA sinnvoll, damit ausgeschlossen werden kann, dass ein kreierter Name bereits rechtlich geschützt ist. Denn auch wenn eine geschützte Marke vom Inhaber noch nicht als Domain genutzt wird, darf sie deswegen nicht vorsätzlich oder fahrlässig für eigene Zwecke registriert werden. Das **Prioritätsprinzip** gilt sowohl für das Namens- wie auch für das Markenrecht. Beim Zusammentreffen verwechslungsfähiger Rechte hat das ältere eingetragene Recht Vorrang vor dem jüngeren (DPMA 2019, S. 13).

Der **Markenmissbrauch** schädigt in erheblichem Umfang den **Markenwert**, das Kundenvertrauen und die Reputation des Unternehmens (Schulz 2010). Langwierige und aufwandsintensive Rechtsstreitigkeiten können präventiv ausgeschlossen oder zumindest auf wenige Fälle eingeschränkt werden, wenn Markeninhaber ihre Marken frühzeitig ausreichend schützen. Die ICANN stellt eine Reihe von Mechanismen zum internationalen Markenschutz und zur Sicherstellung von Markenrechtsansprüchen zur Verfügung. In der Datenbank **Trademark Clearinghouse** (TCMH) können Marken zu ihrem Schutz eingetragen werden (TMCH 2020). In den **Sunrise Periods**, einer zeitlich begrenzten Vorabregistrierungsphase bei der Einführung neuer gTLDs erhalten Markeninhaber ein zeitlich begrenztes Vorrecht für die Domainnamenregistrierung (siehe Abschn. 2.1). Das ICANN-Schlichtungsverfahren **Uniform Domain Name Dispute Resolution Policy** (UDRP) bietet eine Möglichkeit, seine Markenrechte geltend zu machen (IONOS 2018). Das Verfahren ist jedoch nur für in der globalen Verantwortung durch die ICANN liegende generische TLDs anwendbar (Bardehle Pagenberg 2014, S. 10). Wer als Markeninhaber eine unbefugte Registrierung seiner Markendomain feststellt, kann alternativ mit dem **Uniform Rapid Suspension System** (URS) ein im Verfahren schnelleres und einfacheres Rechtsmittel nutzen, um eine Suspendierung (Sperrung) der Domain zu beantragen.

4.3 Domains und Wettbewerbsrecht

In bestimmten Fällen kann bei Domainstreitigkeiten das **Gesetz gegen den unlauteren Wettbewerb** (UWG) zur Anwendung kommen, denen üblicherweise als zeitlich vorgelagerte Handlung eine **Abmahnung** vorangegangen ist, die zu keiner **außergerichtlichen Einigung** geführt hat (Siebert 2008). Das **Wettbewerbsrecht** kommt meist dann zum Einsatz, wenn die Nutzung einer Domain nicht schon aus marken- oder namensrechtlichen Anspruchsgrundlagen unzulässig ist. Denn dann sind zunächst vorrangig Ansprüche über das Marken- und Namensrecht zu bestreiten. Voraussetzung für die Anwendbarkeit des UWG bei Domainfragen ist ein **konkretes Wettbewerbsverhältnis** zwischen Kläger und

Beklagtem, in dem der Kläger durch die Handlungen des Beklagten unrechtmäßig in seiner Entfaltung behindert oder beeinträchtigt wird (Bardehle Pagenberg 2014, S. 9) und daher einen **Unterlassungsanspruch** und **Schadensersatz** begründen könnte (Siebert 2008). Die Registrierung von Gattungsbegriffen oder beschreibenden Begriffen als Domaingrabbing verstößt zwar grundsätzlich nicht gegen das Wettbewerbsrecht, es kann aber durchaus in bestimmten Fällen die Grenze zu einem rechtlich zu beanstandendem Verhalten überschreiten. Ein sittenwidriges und damit verbotenes Domaingrabbing stellt nach Rechtsauslegung des UWG die bewusste Registrierung von Domains als eine gezielte Behinderung eines Wettbewerbers dar (Wedell 2014).

> **Merke!**
> § 4 UWG untersagt einen Behinderungswettbewerb, wenn gezielt der Zweck verfolgt werde, einen Mitbewerber, mit dem man in einem konkreten Wettbewerbsverhältnis steht, an seiner wirtschaftlichen Entfaltung zu hindern (Wedell 2014).

Die Beeinträchtigung oder durch die unbefugte Domainregistrierung ausgehende Behinderung muss dergestalt sein, dass der beeinträchtigte Mitbewerber seine Leistung am Markt durch eigene Anstrengung nicht mehr in angemessener Weise zur Geltung bringen kann (Wedell 2014). Von Relevanz ist dabei nicht die reine Registrierung, sondern die Nutzung der Domain in unlauterer, wettbewerbsschädigender Weise. Eine Ortsbezeichnung darf in Domainnamen die Art der angebotenen Dienstleistung ergänzen. Diese darf jedoch nach § 5 Abs. 1 Satz 2 UWG nicht irreführend erweitert werden, indem die Domain mit einem die Dienstleistung in diesem geografischen Kontext nochmal hervorgehobenen unerlaubten werblichen Übertreibung versehen wird (openJur 2013).

> **Merke!**
> Aufgrund der Komplexität von Rechtsstreitigkeiten zu Domainfragen sollte, um eine erfolgreiche Durchsetzung der Ansprüche sicherzustellen, immer ein versierter Fachanwalt des Marken-, Wettbewerbs- oder Namensrechts zu Rate gezogen werden.

Ihr Transfer in die Praxis

- Prüfen Sie bei bereits von anderen Personen oder Institutionen registrierten Wunschdomains, ob Sie rechtliche Ansprüche geltend machen können.
- Recherchieren Sie, ob alle Ihre Marken in den Markenregistern der zuständigen nationalen und internationalen Institutionen eingetragen sind.
- Prüfen Sie, ob Ihre Wettbewerber Domains registriert haben, die im Widerspruch zu den Rechtsvorschriften des Gesetzes gegen den unlauteren Wettbewerb stehen und Ihr Unternehmen in missbräuchlicher Weise behindern.
- Stellen Sie präventiv eine Liste von auf Fragen des Domainrechts spezialisierten Fachanwälten zusammen, die Sie im Falle eines Rechtsstreites schnell kontaktieren können.

Literatur

Backhaus, K. (2007). Rechtlicher Markenschutz und seine ökonomische (Re-)Interpretation. In K. Backhaus & T. Hoeren (Hrsg.), *Marken im Internet* (S. 1–19). München: Vahlen.

Bardehle Pagenberg. (2014). Recht der Domainnamen. https://www.bardehle.com/fileadmin/Webdata/publications/Recht_der_Domainnamen.pdf. Zugegriffen am 27.01.2020.

BGH. (2001). Urteil I ZR 138/99. http://juris.bundesgerichtshof.de/cgi-bin/rechtsprechung/document.py?Gericht=bgh&Art=en&nr=23718&pos=0&anz=1. Zugegriffen am 18.02.2019.

BGH. (2003). Urteil in dem Rechtsstreit maxem.de. Aktenzeichen: I ZR 296/00. http://juris.bundesgerichtshof.de/cgi-bin/rechtsprechung/document.py?Gericht=bgh&Sort=3&sid=800819a7586b9c2165e4efdeff2bdcb6&Art=en&client=3&anz=16&pos=4&nr=26987&id=1063038246.15. Zugegriffen am 27.01.2020.

BGH. (2011). DENIC muss Domainnamen in Fällen eindeutigen Missbrauchs löschen. http://juris.bundesgerichtshof.de/cgi-bin/rechtsprechung/document.py?Gericht=bgh&Art=en&Datum=Aktuell&nr=57986&linked=pm. Zugegriffen am 31.01.2020.

Bröcher, J. (2007). Die Rechtsnatur der Internetdomain. In K. Backhaus & T. Hoeren (Hrsg.), *Marken im Internet* (S. 183–195). München: Vahlen.

DPMA. (2019). Marken. Eine Informationsbroschüre zum Markenschutz. https://www.dpma.de/docs/dpma/veroeffentlichungen/broschueren/bro_marken_dt.pdf. Zugegriffen am 28.01.2020.

Gräbig, J. (2007). Onlinespezifische Kennzeichenrechtsverletzungen. In K. Backhaus & T. Hoeren (Hrsg.), *Marken im Internet* (S. 145–179). München: Vahlen.

IONOS. (2018). Domaingrabbing & Cybersquatting: Unterschiede und Rechtsfolgen. https://www.ionos.de/digitalguide/domains/domainverwaltung/domaingrabbing-cybersquatting/. Zugegeriffen am 21.01.2020.

JurPC. (1998). Domainname „krupp.de". OLG Hamm, Urteil vom 13.01.98 (Az.: 4 U 135/97). https://www.jurpc.de/jurpc/show?id=19980080. Zugegriffen am 20.01.2020.

Meffert, H., Burmann, C., & Kirchgeorg, M. (2015). *Marketing*. Wiesbaden: Springer Gabler.

openJur. (2013). OLG Hamm, Urteil vom 29.01.2013 – 4 U 171/12. https://openjur.de/u/614201.html. Zugegriffen am 30.01.2020.

Otto, P. (2007). Domain-Recht: Ausnahme vom Prioritätsprinzip bei gleichnamigen Personen. https://www.e-recht24.de/news/domainrecht/675.html. Zugegriffen am 14.04.2019.

Schulz, F. (2010). eCrime-Markenmissbrauch die rote Karte zeigen. https://www.all-about-security.de/security-artikel/management-und-strategie/single/ecrime-markenmissbrauch-die-rote-karte-zeigen/. Zugegriffen am 04.11.2019.

Siebert, S. (2008). Domaingrabbing/Ansprüche bei Rechtsverletzungen. https://www.e-recht24.de/artikel/domainrecht/5.html. Zugegriffen am 11.11.2019.

TMCH. (2020). The Trademark Clearinghouse: Protect your trademark online. https://www.trademark-clearinghouse.com/. Zugegriffen am 02.02.2020.

Wedell, B. M. (2014). Domaingrabbing – darf man das wirklich nicht? https://www.it-recht-kanzlei.de/domaingrabbing-beschreibende-domain.html. Zugegriffen am 28.02.2019.

Wurster, B. (2001). Persönlichkeitsrechtsverletzungen im Internet. https://www.jurpc.de/jurpc/show?id=20010249. Zugegriffen am 15.11.2019.

5

Die Kreation von Domainnamen

> **Was Sie aus diesem Kapitel mitnehmen**
> - Wie ein Namensfindungsprozess professionell aufgesetzt und zielführend gesteuert wird
> - Welche Gestaltungsparameter einer Domainnamensfindung zugrunde liegen
> - Welche Restriktionen der Domain Name Registries zu beachten sind
> - Wie der Namensfindungsprozess mit Kreativitätstechniken und Tools unterstützt werden kann
> - Warum Wunschdomains einer (Internet-)Tauglichkeitsprüfung zu unterziehen sind und welche Methodiken dafür eingesetzt werden

Um Websites mit aussagekräftigen Domains adressieren zu können, bedarf es der Gestaltung eines prägnanten Domainnamens, welcher erstens noch nicht registriert ist und zweitens alle Anforderungen und Vorgaben an eine registrierungsfähige Namenskonvention erfüllt. Die Namensfindung ist ein kreativer Prozess, man sammelt Ideen und leitet erste Vorschläge an Wort-, Zahlen- und Zeichenkombinationen ab. Manche werden schnell verworfen, andere gegenübergestellt und bewertet, bis man nach einer eingehenden Prüfung der Gebrauchstauglichkeit (siehe Abschn. 5.3) einen geeigneten Namen gefunden hat. Der Namensfindungsprozess gestaltet sich je nach Ausgangslage und Anforderungsprofil an den Namen unterschiedlich, es kann die eine zündende Idee geben, die sich schnell als idealer Domainname erweist, es kann sich aber auch zu einem zeit- und aufwandsintensiven Prozess ausgestalten. Um den Namensfindungsprozess strukturiert und zielgerichtet zu unterstützen, können Kreativitätstechniken und onlinebasierte Tools zum Einsatz gebracht werden, diese werden in Abschn. 5.2 dargestellt.

5.1 Der Namensfindungsprozess

Ob es nun um die Bildung von Unternehmens-, Marken- oder Produktnamen geht, die Namensgestaltung ist durch den **Engpass** der freien Verfügbarkeit noch nicht registrierter Domainnamen determiniert. Durch die nur einmalige Registrierung einer festen Namenskonvention wird es für Unternehmen immer schwieriger, einen noch freien Domainnamen zu finden, der das Produkt- und Leistungsprogramm prägnant und aussagekräftig repräsentiert. Die Verknappung des noch möglichen Namensgestaltungsspielraums insbesondere bei populären Endungen wie .com und .de erschweren zunehmend die Suche nach einem geeigneten Namen. In der **Internetökonomie** werden zwei Methoden der Namensfindung differenziert. Bei „**domain follows name**" wird zuerst die Namensfindung angegangen und danach die Domainverfügbarkeit überprüft, während bei „**name follows domain**" erst nach freien Domainnamen gesucht wird, um diese dann auf ihre Namenseignung für das geplante Vorhaben zu prüfen (Kollmann 2016, S. 191). Heute mischen sich beide Modelle, indem parallel zur Ideengenerierung unmittelbar in Domaindatenbanken geprüft wird, ob die favorisierten Namen noch frei registrierbar sind.

Zuerst stellt sich die Frage, ob ein Unternehmens-, Marken- oder Produktname kreiert werden muss. Die Ansätze ergänzen bzw. vermischen sich, wenn der Unternehmensname die Marke oder ein Produktname auch den Unternehmensnamen repräsentieren oder sich aus diesem ableiten soll. Dabei muss abgewogen werden, dass der Domainname nicht einseitig auf ein **Kernsortiment** ausgerichtet ist und damit einer späteren Geschäftsfelderweiterung des Unternehmens im Wege steht. Insbesondere Domains, die einen Gattungsbegriff enthalten, verbinden die Zielgruppen meist mit der korrespondierenden **Warenkategorie**, wie es bei Domainnamen wie mymuesli.de, schuhe.de oder windeln.de der Fall sein kann. Derartige **Lock-In-Positionen** bei der Namensbildung sollten vermieden werden, damit eine spätere Sortimentsausweitung in andere Warenkategorien durch den einmal gewählten Namen mitgetragen werden kann (Schrader und Schumacher 2003). Der Unternehmensname als Domain steht meistens für die Adressierung einer **Corporate Website**. Daneben geht es je nach Sortimentsbreite, Sortimentstiefe und Leistungsumfang um die Kreation von Marken- und Produktnamen, um über namensgleiche Marken- und Produktwebsites dem Leistungsangebot des Unternehmens zielgruppenspezifische Onlinepräsenzen und Vermarktungsplattformen im Internet zu verleihen.

Bei einem **Gründungsvorhaben** steht für Start-ups mit als erste Aufgabe die Kreation des Unternehmensnamens auf der Agenda des **Businessplans**. Schon im Zuge der **Ideengenerierung** für den Firmennamen sollte unmittelbar über den passenden Domainnamen nachgedacht werden (Kollmann 2016, S. 189). Dieser hat einen langfristigen, normalerweise den gesamten **Lebenszyklus** des Unternehmens umfassenden Horizont. Grundsätzlich möchte sicher jeder vermeiden, das Unternehmen zu einem späteren Zeitpunkt umbenennen zu müssen, weil eine potenzielle Erweiterung der Geschäftsaktivitäten oder eine Ausweitung der Zielgruppenansprache vorher nicht ausreichend in Erwägung gezogen wurde.

Bei einer **Einzelgründung** obliegt es allein dem Gründer, sich einen geeigneten Namen zu überlegen. Er kann sich dabei seines sozialen privaten und/oder beruflichen Umfeldes bedienen, um Namensvorschläge zu entwickeln und zu diskutieren. Eine engere Auswahl möglicher Namen kann mit professioneller Unterstützung durch Experten oder Agenturen auf ihre Tauglichkeit und **markenrechtliche Unbedenklichkeit** überprüft werden. Bei einer **Teamgründung** sind es die Gründungsmitglieder, die gemeinsam einen **Konsens** für die Namensgebung ihres Start-ups herbeiführen müssen. Heute werden Start-ups nur noch selten nach dem Gründer oder Inhaber benannt, weil sich aus einem solchen Namen ohne einen beschreibenden Appendix weder die Branche noch ein Profilierungs-, Qualitäts- oder Alleinstellungsmerkmal ableiten lässt.

Für bereits gegründete und marktaktive Unternehmen ist in den Phasen der Markterschließung, Marktdurchdringung und Markterweiterung die Entwicklung neuer Marken, Sortimente, Produkte und Dienstleistungen immer wieder konstitutiv mit der Kreation dazu passender Domainnamen verbunden. Die **Marke** ist, falls als Dachmarke konzipiert, gegebenenfalls die Klammer für künftige Neuproduktentwicklungen, für welche die Namensfindung auch den **Markenkern** mit einer Konstante in der Namensfindung verbinden soll, wie es mit den „i"-Products von Apple (ipad, ipod, imac, iphone) praktiziert wurde und wird. Je mehr Domainnamen in der Vergangenheit schon kreiert wurden, desto mehr Erfahrung ist mit der Organisation und Durchführung des Namensfindungsprozesses bereits gesammelt.

> **Namenskreation Zalando**
>
> Zappos (www.zappos.com) ist ein originärer Onlineschuhhändler in den USA und diente aufgrund seiner hohen Kundenzentrierung als **Copycat** (Imitation eines Geschäftsmodells) für Zalando. Alando (auch schon ein Kunstname) war eine Internetauktionsplattform, die in den 1990er-Jahren in Deutschland gegründet, später von eBay aufgekauft und zu eBay Deutschland umfirmiert wurde. Aus Zappos und Alando (die Alando-Gründer waren am Aufbau von Zalando beteiligt) soll der Kunstname Zalando gebildet worden sein (Gruenderszene 2017).

Mit der Evolution des Internets und dem stetig wachsenden Angebot an Onlinepräsenzen hat die Gestaltung von Domainnamen eine komplexe Dimension erhalten, auch wenn theoretisch nach wie vor alleine durch den Parameter, einen Domainnamen mit max. 63 Zeichen auszufüllen, immer noch eine Vielzahl von Namenskreationen möglich ist. Um die Ideengenerierung anzureichern, kann es hilfreich sein, sich an prägnanten Beispielen (Best Practices) zu orientieren und die Namen von etablierten Unternehmen und Marken auf ihren spezifischen Erfolg zu analysieren. Gegebenenfalls kann man aus den Namensfindungsprozessen von **Best Practices** Anregungen mitnehmen. Anekdoten rund um die Namensbildung bekannter Unternehmen finden sich zuhauf im Internet, meist auch von den Unternehmen selbst als eine interessante Story der Unternehmensgründung kommuniziert.

> **Merke!**
> Die Kreation von Domainnamen ist eine langfristige Entscheidung, Fehler bei der Namensbildung sind nach einem erfolgreichem Aufbau und Etablierung des Unternehmens oder einer Marke nur mit hohem Aufwand zu revidieren.

5.1.1 Anforderungen und Gestaltungsparameter

Durch die allseits manifestierte Bedeutung des Onlinehandels und des Onlinemarketings kann heute kein Unternehmen gegründet werden, ohne den realen Firmennamen in der gleichen Schreibweise mit einer namensidentischen Domain zu verknüpfen. Die zunehmende Verschmelzung von Offline- und Onlinepräsenzen erfordert eine einheitliche und durchgängige Adressierung des Unternehmens. Ein geeigneter Name ist unverwechselbar, klar und prägnant auf die Zielgruppe ausgerichtet. Je kürzer der Domainname, umso einprägsamer (Kollmann 2013, S. 229). Die Ideengenerierung sollte mit einem präzisen **Briefing** für alle in den Namensfindungsprozess involvierte Personen aufgesetzt werden. Ein **Positionierungsprofil** schafft Transparenz, wofür das Unternehmen, die Marke oder das Produkt steht und welche Assoziationen die Zielgruppe mit dem Namen idealerweise verknüpfen soll (Meffert et al. 2015, S. 386 f.).

Die Festlegung des Unternehmensnamens ist eine essenzielle Entscheidung in der **Vorgründungsphase**. Dabei ist die Frage zu klären, in welcher Sprache der Name zu bilden ist, oder welcher Sprache angelehnt, ein Kunst- oder Fantasiename kreiert werden soll. Der Fokus der Gründer liegt in dieser Phase vielleicht noch nicht auf einer möglichen **Internationalisierung** des Geschäftsmodells, es geht zunächst um einen erfolgreichen Start und eine nachhaltige Etablierung des Unternehmens im avisierten **Kernmarkt**. Auch wenn ein **Start-up** nicht auf eine schnelle **Skalierung des Geschäftsmodells** abzielt und beispielsweise nur den deutschen Markt bedienen möchte, so wäre es dennoch eher kurzsichtig, sich bei der Namensfindung nur auf dieses primäre Ziel auszurichten und rein aus diesem Grund einen deutschen Unternehmensnamen zu gestalten. Dieser würde zwar die Verständlichkeit im deutschsprachigen Raum perfekt bedienen, aber eine gezielte Internationalisierung behindern. Die Dynamik des Internets und die Entwicklungspotenziale des Onlinehandels bieten nun einmal die Option einer rasanten **Expansion** und eines exponentiellen internationalen Wachstums, wenn Risikokapitalgeber ein Start-up in seiner Expansion finanziell stützen (Deges 2020, S. 127 f.). In der Vorgründungsphase ist es wichtig, das Naming bereits auf eine mittel- bis langfristig potenziell mögliche Expansions- und Wachstumsstrategie auszurichten. Zwar wird beileibe nicht aus jedem Start-up ein international agierender Internetkonzern, aber bei der Intention eines auf eine schnelle Internationalisierung ausgerichteten Geschäftsmodells wäre es für den globalen Vermarktungsansatz wichtig, dass von vornherein ein universalsprachiger Unternehmensname in Erwägung gezogen wird. Die **Internationalisierungseignung** eines Namens, dies wäre bei einem der deutschen Sprache entlehnten Namen eher ein kurzer und phonetisch einfach auszusprechender Name, sollte also von vornherein mitberücksichtigt werden. In einem globalen Vermarktungskontext wäre es wichtig, dass auch die nicht in romanischen Sprachräumen beheimateten Zielgruppen (Asien, Afrika, arabische Länder) idealerweise einen deutschen Namen aussprechen können.

Aus der **Sprachwissenschaft** können Anregungen für die Anordnung von Buchstaben und die Bedeutungszusammenhänge verschiedener Buchstaben- und Zeichenkombinationen abgeleitet werden. Kurze Namen prägen sich einfacher ein als schwer aussprechbare Wortungetüme oder lange **Mehrwortkreationen**. Je länger der Name, desto fehleranfälliger ist seine Übermittlung und Übertragung, sei es durch Tippfehler bei der Webbrowsereingabe oder durch Schwierigkeiten in einer mündlichen Weiterempfehlung. Konsonanten und Umlaute sollten sparsam verwendet werden, Vokale hingegen klingen voll und stimmig. Eine hintereinanderstehende **Letterdopplung** unterstützt eine lautmalerische Gestaltung im Klangbild des Namens mit markanten Vokal- oder

Konsonantenvervielfältigungen, „oo" und „xx" finden dabei häufig Anwendung (Samland 2001). Die Letterdopplung kann am Ende des Namens (yahoo, deliveroo, swoodoo) oder in der Mitte (google) stehen. Die internationale Verwendbarkeit und Einsetzbarkeit sollte neben dem **Schriftbild** auch das phonetische **Klangbild** berücksichtigen. Einige deutsche Begriffe sind in anderen Sprachräumen schwer aussprechbar. Optimal sind kurze Namen mit einer universal bevorzugten **Silbenstruktur** (Konsonant-Vokal-Konsonant) (Schrader und Schumacher 2003).

> **Namensfindung Amazon**
>
> Mitte der 1990er-Jahren war es Internet-Start-up-Unternehmensgründern wichtig, einen Unternehmensnamen zu kreieren, der in den alphabetisch geordneten Verzeichnissen, Webkatalogen und Listen weit vorne zu finden war (Gottschalck 2015; Dashevsky 2019). Die Suchmaschinen hatten zu der Zeit noch nicht die Bedeutung als Gatekeeper der Informationsrecherche. Für den Amazon Gründer Jeff Bezos erschien der Name Amazon mit dem Bezug zum weltgrößten, sich weit verzweigenden Fluss als eine passende Analogie zur Unternehmensvision (Gottschalck 2015). Der Name hatte zudem den Vorteil, dass er auch für eine künftige Internationalisierung sehr geeignet erschien. Das heutige Amazon-Logo verbindet mit dem Pfeil unter dem Schriftzug die Buchstaben A und Z und symbolisiert damit in seiner grafischen Gestaltung auch den Charakter des Universal-Warenhauses, in dem alles von A bis Z zu finden ist (Dashevsky 2019).

Die Orientierung an geografische Ortsbezeichnungen kann als Anker weitere Namensfindungen befeuern. Der von Amazon gegründete Onlineshop javari für Schuhe und Handtaschen leitet sein Naming aus einem Nebenfluss des Amazonas ab (der längste Fluss der Welt bietet mit seinen vielen Zu- und Abflüssen noch viel Potenzial für Namensentlehnungen). Hinsichtlich des Namings lassen sich Wortbildungen in folgende in der Ideengenerierung häufig eingesetzte Kategorien unterteilen:

Kofferwort (Kontaminat)
Aus zwei Wörtern wird ein neues Wort gebildet, indem Teile der Wortstämme unter Auslassung von Silben zu einem Begriff verschmelzen. Das in den letzten Jahren wohl allen Europäern geläufigste Kofferwort lautet

Brexit und neuerdings Megxit für den Rückzug von Prinz Harry und seiner Frau Meghan von ihren royalen Verpflichtungen im britischen Königshaus. Das Kofferwort bildet aus den beiden ursprünglichen Bedeutungen eine neue Bedeutungseinheit, die sich nicht immer auf den ersten Blick erschließt. So ist beispielsweise der Unternehmensname Uniper aus den zwei Begriffen „unique" und „performance" zusammengesetzt (Gottschalck 2015).

Doppelwort (Kompositum)
Ein neues Wort wird aus zwei vorhandenen Wörtern durch eine Wortzusammensetzung gebildet. Da eine Komposition meistens aus zwei Wörtern gebildet wird, kann dies auch als Doppelwort bezeichnet werden. Die zusammengesetzten Wörter müssen nicht in einem ursprünglichen Bedeutungszusammenhang stehen. Sie können verschiedenen Themenbereichen entlehnt sein. Beispiele für Komposita finden sich in den Geschäftsmodellen wie beispielsweise lieferheld, urlaubspiraten, secretescapes, hutshopping, skyscanner oder musicload. Ein Kompositum aus mehreren Wörtern kann auch das Geschäftsmodell in Gänze beschreiben, wie dies mit der Aneinanderreihung von vier Wörtern bei der Domain wirkaufendeinauto.de gegeben ist.

Konfix
Ein Konfix ist ein auf wenige, zum Teil auch nur mit einem Buchstaben abgekürzter Wortstamm, wie beispielsweise „com" für „commerce" oder „commercial" bei dem Unternehmensnamen Delticom. In der Internetökonomie wurden insbesondere in der Pionierzeit Geschäftsmodellen gerne der Letter „e" als einbuchstabiger Konfix für electronic vorangestellt. Prominentestes Beispiel für eine solche Konfix-Wortkreation ist eBay.

Präfixe und Suffixe
Ein Präfix wird einem Wort vorangestellt, während ein Suffix dem Wortstamm als Ergänzung folgt. Geschäftsmodelle der Mass Customization als kundenindividuelle Produktkonfiguration (Deges 2020, S. 96 ff.) betonen mit dem Präfix „my" genau diese Möglichkeit der Individualisierung, wie dies bei den Geschäftsmodellen myMuesli oder myHammer

umgesetzt ist. Ein Beispiel für ein Suffix an das Wort help ist der Unternehmensname des Geschäftsmodells helpling.

Annex
Als Anhang oder Anhängsel an ein bestehendes Wort wird in der Onlinevermarktung gerne der Zusatz „24" verwendet, um die nicht an Ladenöffnungszeiten gebundene, zeitunabhängige Rund-um-die-Uhr-Bestellung auch an Sonn- und Feiertagen als konstitutiven Vorteil des Onlinehandels gegenüber dem stationären Einzelhandel hervorzuheben (Deges 2020, S. 31). Beispiele finden sich in den Geschäftsmodellen der Scout24 AG mit immobilienscout24, jobscout24, autoscout24 (Kollmann 2016, S. 190) oder dem Geschäftsmodell des Onlinesehhilfenhändlers Brille24. Der Annex „xxl" kann eingesetzt werden, um eine ausgeprägtere Größenordnung bei Produkten zum Ausdruck zu bringen (Kollewe und Keukert 2016, S. 108).

Akronyme
Ein Akronym ist eine Form der Abkürzung, es wird aus den Anfangsbuchstaben mehrerer Worte zu einem neuen Begriff zusammengesetzt. So steht YAHOO für „Yet another hierarchical officious oracle" (noch so ein hierarchisches, aufdringliches Rätsel) (Gottschalck 2015). Die Akronyme als Aneinanderreihung von Großbuchstaben globaler Unternehmen wie BMW (Bayerische Motoren Werke), IBM (Industrial Business Machines), HP (Hewlett Packard) oder IKEA (Ingvar Kamprad = der Name des Unternehmensgründers Elmtaryd Agunnaryd = der Bauernhof und das Dorf, in dem der Gründer aufwuchs) sind weltweit bekannt (Gottschalck 2015). Vorteilhaft ist es, wenn sich ein Akronym auch zu einem neuen phonetisch wohlklingenden und leicht aussprechbaren Kürzel ausbildet. Die Entschlüsselung eines Akronyms gestaltet sich zum Ratespiel, wenn der Unternehmensname zwar bekannt, aber die Herkunft und Bedeutung des Akronyms unbekannt ist. Bei der Eingabe von Abkürzungen werden in den Suchmaschinen viele Alternativen angezeigt, daher muss die Merkfähigkeit und Alleinstellung des favorisierten Akronyms bewertet werden (Samland 2001).

Zu beachten sind unterschiedliche Schreibweisen. Mit einer **Typo-Analyse** können im Vorfeld bereits relevante Tippfehlerschreibweisen zur

Wunschdomain geclustert werden, um diese gegebenenfalls auch zu registrieren. Das **Typosquatting** kennzeichnet eine Form der Registrierung vornehmlich von Domains mit Tippfehlerkombinationen, die häufig in Verbindung mit der Domainnamenseingabe reichweitenstarker und damit häufig frequentierter Websites vorkommen. Die **Tippfehlerdomains** werden von Dritten bewusst registriert, um von gängigen Rechtschreibfehlern bei (komplexeren) Domainnamen zu profitieren. Dahinter stehen häufig Websites mit Werbung oder unseriösen Offerten. Um dies zu unterbinden, melden Unternehmen selber eine Vielzahl von Tippfehlerdomains oder Domains mit alternativen Schreibweisen an (Kollewe und Keukert 2016, S. 112), um die Besucher per **URL-Redirect** auf die eigentlich gesuchte Website weiterzuleiten.

> **Tippfehlerdomains Google**
>
> Die Browsereingaben goolge.de, googel.de, gogle.de, goggle.de verlinken alle auf die Zielseite www.google.de. Tippfehlerdomains können grundsätzlich nicht gesperrt werden, das von ihnen betroffene Unternehmen muss sie selber registrieren, was Zusatzkosten und Aufwand bedeutet. Um mit der Registrierung von Tippfehlerdomains das Domainportfolio nicht ausufern zu lassen, muss nicht jede nur denkbare Tippfehlerdomain auch zwingend registriert werden. In vielen Fällen sollte die 80:20 Regel mit der Abdeckung der gängigsten Tippfehler ausreichen.

Zusammengefasst können die nachfolgenden Kriterien einer idealtypischen Namenskreation zugrunde gelegt werden (Kolbrück 2013, S. 21; Jacobsen 2017, S. 58; Kollmann 2013, S. 229 f.; Kollewe und Keukert 2016, S. 107 f.):

- Der Domainname ist international/global verständlich
- Der Domainname evoziert durch verschieden interpretierbare Bedeutungsinhalte keine negativen Assoziationen in den relevanten Zielmärkten
- Der Domainname bietet keine Angriffsfläche für Verballhornungen, Komik, Humor, Sarkasmus und Zynismus (dies in allen Variationen in Gänze auszuschließen, ist sicherlich ein sehr schwieriges Unterfangen)

- Der Domainname unterscheidet sich klar vom direkten unmittelbaren Wettbewerb
- Der Domainname ist kurz, prägnant und einfach (und damit auch nutzerfreundlich für mobile Devices mit kleiner Bildschirm- und Tastaturgröße)
- Der Domainname ist unverwechselbar und als hehrer Anspruch: einzigartig
- Der Domainname ist gut zu merken, wohlklingend auszusprechen und eignet sich phonetisch für die Weiterempfehlung durch Mundpropaganda sowie Audio-Werbung
- Der Domainname ist leicht zu schreiben und wenig bis gar nicht anfällig für Falschschreibweisen und Tippfehler
- Der Domainname enthält ein aufmerksamkeits- und reichweitenstarkes Keyword

5.1.2 Vorgaben und Restriktionen der Domain Name Registries

Die Parameter für die Gestaltung von Domainnamen unterscheiden sich je nach **Domain Name Registry** und **Top-Level Domain**. Bei der Gestaltung einer .de-Domain sind folgende Vorgaben und Restriktionen der DENIC eG zu berücksichtigen (DENIC 2020):

- Die minimale Länge ist ein Zeichen
- Die maximale Länge beträgt 63 Zeichen (+ .de)
- Zulässig sind alle Buchstaben des lateinischen Alphabets (a–z), die Ziffern von 0–9, der Bindestrich sowie alle 93 Sonderzeichen und Umlaute der Liste für internationalisierte Domains (IDNs = **Internationalized Domain Names**). Es wird nicht zwischen Groß- und Kleinbuchstaben unterschieden
- An der ersten Stelle, an der letzten Stelle sowie an dritter und vierter Stelle dürfen keine Bindestriche stehen

Aus diesen Parametern lassen sich eine Vielzahl möglicher Kombinationen ableiten, sodass trotz einer Vielzahl registrierter Domains dennoch theoretisch wie auch praktisch Gestaltungsmöglichkeiten en masse gegeben sind. Die **Minimallänge** eröffnet die Möglichkeit, auch Marken- oder Unternehmenskürzel als Domain zu registrieren. (Die Domaineingabe www.x3.de für das Satiremagazin extra3 leitet auf https://daserste.ndr.de/extra3/, die Domaineingabe www.c.de auf das Computermagazin Chip https://www.chip.de weiter.) Die maximale Länge bietet die Gestaltung von **Mehrwortmarken** und Slogans als Domainnamen. Durch die **Maximallänge** von 63 Zeichen lassen sich Sätze (wirkaufendeinauto) oder Aufforderungen (letsbuyit) als Domainnamen kreieren (Samland 2001). Für Mehrwortkreationen bieten sich die bei der Registrierung von .de-Domains beliebten und häufig eingesetzten **Bindestriche** als Strukturierungselement an (Beispiel: ab-in-den-urlaub).

Die Vorgaben und Restriktionen des Domainnamings haben im Lauf der Jahre immer wieder Änderungen und Aktualisierungen erfahren. Seit 2004 ist es möglich, TLDs mit der Endung .de auch mit **Umlauten** zu registrieren. Anfangs mussten Domains aus mindestens drei Zeichen zusammengesetzt sein, dies hat zu Rechtsstreitigkeiten mit Unternehmen geführt, deren Marke sich aus weniger als drei Zeichen zusammensetzt.

Rechtsstreit der Volkswagen AG gegen die bis 2008 gültige Mindestdomainlänge von drei Zeichen

Während der Wettbewerber BMW die Registrierung seines Akronyms mit drei Buchstaben problemlos vollziehen konnte, erfüllte die Marke VW mit dem zweibuchstabigen Kürzel nicht die Mindestanforderung der Domain Name Registry DENIC eG. Im Jahr 2008 wehrte sich die Volkswagen AG erfolgreich gegen die Weigerung der DENIC eG, vw.de zu registrieren. Das OLG Frankfurt wertete die Restriktion der Domain Name Registry auf die Mindestlänge von drei Zeichen als Diskriminierung eines Marktpartners, der zudem mit seinem zweibuchstabigen Akronym VW eine hohe Markenbekanntheit genieße (Störing 2008). Das Rechtsurteil bewirkte, dass die DENIC eG 2008 die Domainvergabekriterien auf die minimale Länge von einem Zeichen setzte, auch reine Zifferndomains sind seit dieser Zeit registrierbar (DENIC 2020).

Bindestrich-Domains sind eine Alternative, wenn eine durchgeschriebene Wortkreation nicht mehr registriert werden kann oder diese Domain als Mehrwortkreation holprig in der Schreib-, Lese- und Sprechweise wirkt (Beispiel: wirkaufendeinauto.de). Bindestrich-Domains sind in Deutschland beliebt, über 50 % der unter .de registrierten Domains enthalten einen Bindestrich. Bei längeren Domainnamen, die aus mehreren Wörtern zusammengesetzt sind, fördert ein Bindestrich die **Lesbarkeit** und strukturiert die durch die Domain beschriebene Leistung noch einmal in sich (Dürrmeier 2019). Bindestriche können schon bei zwei Wörtern Sinn machen, wenn beide oder eines der Wörter ein **Doppelwort** beinhalten, wie beispielsweise deutsche-rentenversicherung.de oder diabetes-infomationszentrum.de. Besteht die durch die Domain zu charakterisierende Leistung aus mehr als zwei Wörtern, so kommt man an einer Bindestrichkombination kaum vorbei, wenn die schnelle Erfassbarkeit und Lesbarkeit der Domain gewährleistet sein soll. So bietet die zur Lufthansa Miles & More Credit Card gehörige Domain (miles-and-more-kreditkarte.com) mit seinen drei Bindestrichen eine gute **Strukturierung**. Die Kombination von deutsch- und englischsprachigen Wörtern in einem Domainnamen lässt sich ebenfalls ohne Weiteres umsetzen, wenn dies das schnelle kognitive Verständnis der Domain nicht behindert. Bei eingedeutschten Anglizismen ist dies eh kein Problem, eine Domain wie hutshopping.de ist selbsterklärend. In einer Bindestrichkombination kann beispielsweise ein alleinstehendes, bereits registriertes Keyword durch einen **Ortszusatz** oder einen anderen kennzeichnenden oder beschreibenden Anhang noch frei und registrierbar sein. Grundsätzlich gilt: Je kürzer und selbsterklärend der Domainname, desto seltener benötigt man Bindestriche.

Beim Buchstaben „eszett" (ß) besteht die Besonderheit, dass sich dieser in der Vergangenheit automatisch in „ss" umgewandelt hat, wenn „eszett" im Zusammenhang mit einer Namenskonvention in den Webbrowser eingegeben wurde. Aus straße.de wurde dann automatisch strasse.de. Der aktuell geltende **IDN-Standard** sieht dagegen vor, das „ß" als selbstständiges Zeichen zu führen, sodass eine Umwandlung von „ß" in „ss" nicht mehr stattfindet. Daher sind „straße.de" und „strasse.de" nunmehr zwei verschiedene Domains (DENIC 2010).

5.2 Kreativitätstechniken und Tools für die Namenskreation

Ein Namensfindungsprozess kann durchaus unstrukturiert und spontan erfolgen. Manchmal geht es sehr einfach und schnell. Eine erste Idee ist schon genau der geeignete Name. Dies wäre aufgrund der nun einmal faktisch vorhandenen Engpässe bei noch nicht registrierten Domainnamen eher ein glücklicher Zufall und wird nur selten vorkommen. Bei einem komplexeren Namensfindungsprozess sollten sich moderierte Einsätze von Kreativitätstechniken und Tools (Hilfsmittel) mit der Offenheit und Flexibilität, auf spontane Eingebungen und Vorschläge zu reagieren, ergänzen. Ein schon klassisches und vielfach bewährtes Einsatzinstrument ist das Brainstorming. Bei einem **Brainstorming** werden spontan Ideen entwickelt, die einer teilnehmenden Gruppe von Personen durch die Vorgabe von Stichworten, Beispielen und Assoziationen einfällt. Alle Vorschläge werden gesammelt, ohne dass eine noch so abstruse, skurrile oder offensichtlich unpassend erscheinende Idee sofort negativ kommentiert und verworfen wird (Meffert et al. 2015, S. 387). Assoziationen zu einem Oberbegriff lassen sich über das Hilfsmittel einer Mindmap visualisieren. Eine **Mindmap** stellt einen Begriff in den Mittelpunkt und versucht, diesem Begriff art- und wesensverwandte ähnliche Unterbegriffe und Alternativbezeichnungen anzugliedern. Des Weiteren lässt sich auch ganz simpel in **Wörterbüchern, Lexika** oder **Nachschlagewerken**, im **Duden** oder in **Übersetzungstools** überprüfen, ob ein kreiertes Kunstwort existiert oder welche Synonyme dazu angezeigt werden. Wie das Beispiel der Namensfindung von Amazon demonstrierte, kann auch der Blick in den Weltatlas die Ideengenerierung befördern. Mit dem **Auto Suggest** (Auto Complete) der Google **Suchmaschine** werden während der Eingabe eines Suchbegriffes häufige kontextrelevante Suchanfragen anderer Nutzer unterhalb der Suchleiste eingeblendet. Die Liste der Vorschläge passt sich in Echtzeit mit jeden weiteren eingegebenen Buchstaben und Zeichen an. Durch die Visualisierung der häufigsten Suchanfragen kann der Namensfindungsprozess eine zusätzliche Inspiration erhalten. Das für die Gestaltung und Steuerung von **Suchmaschinen-**

werbung entwickelte Tool **Google Ads** gibt ebenfalls Hilfestellung. Der **Keyword Planner** unterstützt Advertiser bei der Entscheidung für das präferierte **Keyword** mit Vorschlägen zu beispielsweise Erweiterungen, alternativen Begriffen und Synonymen. Damit lassen sich vornehmlich Ideen für keywordbasierte Domainnamen generieren.

Des Weiteren können onlinebasierte Tools Hilfestellungen gegen einen Mangel an Inspiration und Kreativität geben. Im Internet finden sich **Wortgeneratoren** (alternative Suchbegriffe: Word Generator, Name Generator), mit denen auf verschiedene Weise Wörter generiert werden, indem man bestimmte Vorstellungen, Vorgaben, Restriktionen und Eingrenzungen den Algorithmen des Wortgenerators vorgibt. Welches Tool die beste Unterstützung bietet, muss das Namefindingteam entscheiden, indem am besten mehrere der vielen verfügbaren Tools ausprobiert und im Ideengenerierungsprozess bei Bedarf parallel eingesetzt werden. Ein Ausflug in den breit gefächerten Markt der **Online Games** kann die Kreativität befeuern. Diese verfügen über Generatoren für die Erzeugung von Charakternamen für Rollenspiele in **Massive(ly) Multiplayer Online Games** (MMOs) wie World of Warcraft oder Forge of Empires. Warum soll man sich dieser Features nicht auch als Kreativitäts- und Ideenpool für den Namensfindungsprozess bedienen?

> **Beispiele für Wortgeneratoren-Tools**
>
> **DomainWheel** (https://domainwheel.com/) mit der Eingabe eines Keywords werden für bis zu 15 TLD-Endungen Namensvorschläge präsentiert
> **NameMesh** (www.namemesh.com) bietet eine Namenssuche anhand mehrerer Kategorien wie Suchmaschineneignung, Namenslänge, gängige Wortkreationen und Fantasienamen
> **Leandomainsearch** (https://leandomainsearch.com/) kreiert eine Vielzahl an Namensvorschlägen ausschließlich unter Berücksichtigung einer noch möglichen .com-Registrierung
> **Bust a Name** (http://de.bustaname.com/) die Namensvorschläge sind neben der .com-TLD auch auf die Registrierbarkeit weiterer gTLD-Endungen wie .net, .info, .biz und .org ausgerichtet
> **NameRobot** (https://www.namerobot.de/) auch mit der Variante einer speziell auf Gründer und Start-ups ausgerichteten Namensfindung

Während der **Ideengenerierung** entsteht eine mehr oder weniger umfangreiche Liste potenziell infrage kommender Namen. Diese muss in einem nächsten Schritt durch eine Kategorisierung und Priorisierung der Vorschläge in eine **Rangliste** gebracht werden. Denn mit einem breit gefächerten Einsatz von Kreativitätstechniken und Tools kann der erste Aufschlag schnell mehrere Hundert **Namensvorschläge** umfassen. Eine erste Auswahl sollte die Liste auf ein überschaubares Maß an Vorschlägen reduzieren, die mit einem vertretbaren Zeitaufwand detailliert geprüft und bewertet werden können. Es gilt nochmal zu betonen, dass mit jedem bereits priorisierten Namensvorschlag sofort eine Abfrage der freien Verfügbarkeit in den **Domaindatenbanken** der **Domain Name Registries** oder **Internet Service Provider** verbunden sein sollte, ein Service, den auch viele Wortgeneratoren-Tools in ihr System integriert haben. Fatal wäre es, wenn man im fortgeschrittenen Prozess der Namensfindung feststellt, dass beispielsweise von zehn priorisierten Namen fast alle schon bei den favorisierten TLDs vergeben sind. Sind am Ende der Ideengenerierung Wunschnamen entwickelt und deren Domains bereits vorreserviert oder registriert, so geht es im letzten Schritt darum, die ausgewählten Namen auf ihre Verwendungsmöglichkeit und, das ist immens wichtig, markenrechtliche Unbedenklichkeit zu überprüfen.

5.3 Methodiken der Tauglichkeitsprüfung von Domainnamen

Die favorisierten Domainnamen müssen nun detailliert hinsichtlich ihrer (Internet-)Gebrauchstauglichkeit, aber auch der unbedenklichen Registrierungs- und Nutzungsberechtigung sowie Schutzfähigkeit hin überprüft werden. Dabei sind drei Aspekte zu berücksichtigen, diese sollten, um den Prozess zu beschleunigen, parallel überprüft werden:

- **Unbedenklichkeitsprüfung**: Prüfung von bestehendem Markenschutz existenter Marken und Ausschluss möglicher Markenrechtsverletzungen.

- **Schutzfähigkeitsprüfung** des eigenkreierten Namens, um diesem selber nach den Maßgaben der Markengesetzgebung einen markenrechtlichen Schutz zu verleihen
- **Sprachbedeutungsprüfung**: Prüfung der Übersetzungen von Namen, dessen Assoziationen, Konnotationen, Falschschreibweisen. Prüfung des Erinnerungs- und Wiedererkennungswertes sowie die Phonetik der verbalen Aussprache.

Unbedenklichkeitsprüfung

Alle in Deutschland angemeldeten und eingetragenen Marken werden im Register des DPMA (**Deutsches Patent- und Markenamt**) veröffentlicht (DPMA 2019, S. 13). Die dortige **Recherche** nach identischen und ähnlichen Marken- und Firmenbezeichnungen sowie die Recherche in internationalen Markenregistern sollte mit der Bewertung von Namensvorschlägen einhergehen, um einen späteren Konflikt mit existenten, und daher mit älteren Rechten ausgestatteten Marken erst gar nicht aufkommen zu lassen (Kollewe und Keukert 2016, S. 393 f.). Im **Markenregister** des DPMA sind weit über 800.000 Marken eingetragen (DPMA 2019, S. 8). Jährlich werden ca. 75.000 Marken neu angemeldet (DPMA 2019, S. 21). Berücksichtigt man, dass es bei einem neuen Namen auch keine **Verwechslungsgefahr** zu bereits geschützten Marken in der gleichen Waren- und Dienstleistungsklasse geben darf, dann engt dies die Vorschlagsliste schon automatisch wieder ein (Samland 2001).

Schutzfähigkeitsprüfung

Ein neukreierter Domainname, egal ob es sich um einen Unternehmens-, Marken- oder Produktnamen handelt, sollte dahingehend überprüft werden, ob ein **Markenschutz** beantragt und eingetragen werden kann, um dadurch bereits frühzeitig Missbrauchsmöglichkeiten des Domainnamens durch Dritte zu minimieren. Zunächst sollte die Marke für einen bundesweiten Schutz beim DPMA eingetragen werden (Kollewe und Keukert 2016, S. 349). Eine Markeneintragung gilt nur für die eingetragene **Markenklasse** nach der internationalen **Nizza-Klassifikation** von Waren und Dienstleistungen (DPMA 2019, S. 9). So war es möglich, die Marke „Apple" für eine bestimmte Produktklasse wie Elektronik (Nizza-Warenklasse 9 = Elektrische Apparate und Instrumente-Computer) schützen zu lassen, aber nicht für den Warenbereich Obst (Nizza-Warenklasse 31 = Land- und forstwirtschaftliche Erzeugnisse-Obst). Wichtig für die Beurteilung der Schutz- und damit Eintragungsfähigkeit einer Marke ist, dass diese nicht rein allgemeingültig-beschreibend für die Waren- und Dienstleistungsklasse ist, für die ein Schutz begehrt wird, denn dies wäre bei Apple und Obst der Fall gewesen (Kollewe und Keukert 2016, S. 349 und S. 394). Um einen **internationalen Markenaufbau** nicht zu beschweren, sollten auch frühzeitig internationale Schutzrechte in den relevanten Märkten eingetragen werden (Samland 2001). Die Eintragung als **Unionsmarke** bei der EUIPO (**Amt der Europäischen Union für Geistiges Eigentum**, bis 2016 als HABM firmiert) mit Sitz in Alicante gewährt einen europaweiten Schutz in den EU-Staaten (DPMA 2019, S. 25). Ein Antrag auf internationale Registrierung kann an die WIPO (**World Intellectual Property Organization**) mit Sitz in Genf gestellt werden (DPMA 2019, S. 26).

Sprachbedeutungsprüfung
Sprachbedeutungsprüfungen sollten in allen für die Marke relevanten **Marktsprachen** durchgeführt werden, um ungewollte Übersetzungen und negative Interpretationen auszuschließen. Mithilfe der Marktforschung lassen sich mit Sprachwissenschaftlern und Verbrauchern aus den avisierten Ländern und Sprachräumen (natürlich Native Speaker) Tests zur Erkennung und Wertung negativer und kontraproduktiver Konnotationen, Assoziationen oder Verballhornungen durchführen, die das Namefindingteam vorher nicht erkannt hat oder nicht erkennen konnte (Samland 2001). Die Frage nach der allgemeinen Verständlichkeit des Namens kann mit einer **Merkfähigkeitsprüfung** validiert werden, indem überprüft wird, ob sich der Name nach dem **Hear-and-Write-System** gut merken und richtig niederschreiben lässt (Samland 2001). Die leichte Aussprechbarkeit kann mit **Telefontests** überprüft werden. Sobald der Begriff dem Hörer buchstabiert werden muss, ist er schon kompliziert (Kollewe und Keukert 2016, S. 108).

Die Auffindbarkeit in **Suchmaschinen** ist ebenfalls ein relevantes Kriterium, stehen doch die Suchmaschinen vor allen für die **Neukundengewinnung** (Deges 2020, S. 166). Dies sollte jedoch nicht im Mittelpunkt stehen, da der Domainname bei Google nicht mehr einen hochgewichteten **Rankingfaktor** darstellt. Dennoch sollten die relevanten Suchmaschinen daraufhin gescannt werden, welche Ergebnisse zu dem kreierten Namen bereits heute in den **Trefferlisten** angezeigt werden. Eine gute **Suchmaschinenplatzierung** hängt eh von einer Vielzahl von Faktoren der **Websiteoptimierung** ab, die vor allem darauf abzielen, dass Aufbau, Form und Inhalt der Website mit Keyword- und kontextrelevanten Inhalten hinterlegt sind (Deges 2020, S. 166 f.).

Nach einem solchen Auswahlprozess bleiben nur noch wenige Namen übrig. Nun muss entschieden werden, unter welcher Hauptdomain und über die Einrichtung von **URL-Redirects** weiterleitenden Nebendomains (Tippfehlerdomains oder begrifflich ähnliche Domains) das Unternehmen, die Marke oder das Produkt im Internet präsentiert wird. Gegebenenfalls können während des Ideengenerierungsprozesses vorsorglich registrierte Domains wieder gekündigt oder verkauft werden, die Domains aus der **Shortlist**, mit denen nun weitergearbeitet wird, sollten ja eh schon im Vorfeld registriert worden sein!

> **Merke!**
>
> Bei allen rechtlichen Fragestellungen bietet sich die Unterstützung durch juristische Expertise an, gegebenenfalls durch die eigene Rechtsabteilung im Unternehmen und/oder durch die Beauftragung auf das Markenrecht spezialisierter Fachanwälte.

> **Ihr Transfer in die Praxis**
>
> - Recherchieren Sie, ob jemand und wenn ja, wer in Ihrem Unternehmen für den Domainnamensfindungsprozess verantwortlich ist. Wenn dies nicht definiert ist, erteilen Sie entsprechende Zuständigkeiten.
> - Überprüfen Sie, ob dem Domainnamensfindungsprozess eine strukturierte Checkliste mit allen relevanten Fragestellungen zugrunde liegt.
> - Überlegen Sie, welche Kreativitätstechniken und Tools in zielführender Weise den Domainnamensfindungsprozess in Ihrem Unternehmen unterstützen können.
> - Reflektieren Sie, ob und welche Instrumente für eine Tauglichkeitsprüfung von Domainnamen eingesetzt werden bzw. künftig eingesetzt werden sollten.

Literatur

Dashevsky, E. (2019). So kamen Bluetooth, eBay, Amazon & Co. zu ihren Namen. https://www.pcwelt.de/ratgeber/So_kamen_Bluetooth__eBay__Amazon___Co._zu_ihren_Namen-Markennamen-8516759.html. Zugegriffen am 16.04.2019.

Deges, F. (2020). *Grundlagen des E-Commerce. Strategien, Modelle, Instrumente.* Wiesbaden: Springer Gabler.

DENIC. (2010). „ß" künftig in zulässigem Zeichensatz für .de-Domains. https://www.denic.de/aktuelles/pressemitteilungen/artikel/ss-kuenftig-in-zulaessigem-zeichensatz-fuer-de-domains/. Zugegriffen am 30.01.2020.

DENIC. (2020). .de-Domains. Domain-Registrierung. https://www.denic.de/domains/de-domains/registrierung/. Zugegriffen am 30.01.2020.

DPMA. (2019). Marken. Eine Informationsbroschüre zum Markenschutz. https://www.dpma.de/docs/dpma/veroeffentlichungen/broschueren/bro_marken_dt.pdf. Zugegriffen am 27.01.2020.

Dürrmeier, J. (2019). So finden Unternehmen die passende Domain. https://blog.adacor.com/domain-management-so-finden-unternehmen-die-passende-domain_6971.html. Zugegriffen am 04.11.2019.

Gottschalck, A. (2015). Amazon, Ikea & Co. Wo kommen bloß die Namen der Weltfirmen her? https://www.manager-magazin.de/unternehmen/industrie/die-herkunft-der-firmennamen-von-google-co-a-1049708.html. Zugegriffen am 16.04.2019.

Gruenderszene. (2017). Das steckt hinter diesen 10 Startup-Namen. https://www.gruenderszene.de/galerie/startup-namen. Zugegriffen am 30.01.2020.

Jacobsen, J. (2017). *Website-Konzeption.* Heidelberg: dpunkt.

Kolbrück, O. (2013). *Erfolgsfaktor Online-Marketing.* Frankfurt a. M.: Deutscher Fachverlag.

Kollewe, T., & Keukert, M. (2016). *Praxiswissen E-Commerce. Das Handbuch für den erfolgreichen Onlineshop.* Heidelberg: dpunkt.

Kollmann, T. (2013). *Online-Marketing.* Stuttgart: Kohlhammer.

Kollmann, T. (2016). *E-Entrepreneurship.* Wiesbaden: Springer Gabler.

Meffert, H., Burmann, C., & Kirchgeorg, M. (2015). *Marketing.* Wiesbaden: Springer Gabler.

Samland, B. M. (2001). Namefinding für E-Brands. https://www.absatzwirtschaft.de/namefinding-fuer-e-brands-487/. Zugegriffen am 15.11.2019.

Schrader, U.-H., & Schumacher, T. (2003). Marketing mit Internet-Domains unschlagbar effizient. https://www.absatzwirtschaft.de/marketing-mit-internet-domains-unschlagbar-effizient-1407/. Zugegriffen am 04.11.2019.

Störing, M. (2008). Gericht: Denic muss Domain mit zwei Buchstaben zuteilen. https://www.heise.de/newsticker/meldung/Gericht-Denic-muss-Domain-mit-zwei-Buchstaben-zuteilen-214934.html. Zugegriffen am 30.01.2020.

6

Die Registrierung von Domains

> **Was Sie aus diesem Kapitel mitnehmen**
> - Welche Informationen einer Recherche in WHOIS-Domaindatenbanken entnommen werden können
> - Welche Rollen die Akteure im Domainregistrierungsprozess ausfüllen
> - Wie der Domainregistrierungsprozess organisiert ist und in welcher Ablauffolge er verbindlich und rechtskonform vollzogen wird
> - Mit welchen Schritten die Konnektierung einer Domain vollzogen wird
> - Wie eine gekündigte Domain neuregistriert werden kann

Ist die Wunschdomain frei, so muss eine unverzügliche Registrierung des Domainnamens vorgenommen werden, damit dieser nicht zwischenzeitlich durch einen Dritten zur Anmeldung gebracht wird. Abschn. 6.1 zeigt auf, wie über die Domaindatenbanken der Domain Name Registries, Internet Service Provider und Domaindienstleister problemlos eine Recherche nach bereits registrierten Domainnamen durchgeführt werden kann. Damit die Registrierung noch freier Domains erfolgreich ist, sind die in Abschn. 6.2 dargestellten Formalia der Anmeldeprozedur stringent und fristgerecht einzuhalten. Um die Domain als Webadresse aktiv zu nutzen, muss sie über eine Eintragung in Nameserver mit einer Website konnektiert werden (Abschn. 6.3). Durch Kündigung frei werdende oder bereits gelöschte Domains können jederzeit nach dem **Prioritätsprinzip** neuregistriert werden, falls kein Verfahren wegen Verletzung des Markenrechts anhängig ist (siehe dazu Abschn. 6.4).

6.1 WHOIS-Recherche in Domaindatenbanken

Der Ideengenerierungsprozess für einen Domainnamen wäre ineffizient und ineffektiv, wenn nicht zeitgleich schnell und einfach überprüft werden kann, ob die gerade kreierte Wunschdomain unter den favorisierten TLDs noch frei ist. **Domaindatenbanken** schaffen diese Transparenz, sie werden von verschiedenen Organisationen, Institutionen und Dienstleistern bereitgestellt und gepflegt. Die wichtigste **Funktionsabfrage** im Namefinding ist der aktuelle Status einer Domain nach „registriert" oder „nicht registriert". Alle **Domain Name Registries** führen Datenbanken als **Zentralregister** meist nur für die von ihnen selbst verwalteten TLDs. So listet beispielsweise die Domaindatenbank der DENIC eG auch nur die unter der .de-Domainendung registrierten Second-Level Domains. Bei Domaindienstleistern ist je nach Leistungsangebot auch eine Abfrage von Domainnamen unter verschiedenen TLDs möglich.

> **Merke!**
> Für jede TLD ist eine zentrale Instanz verantwortlich, die auf ihrer Website ein offenes und für jeden zugängliches Verzeichnis aller registrierten Domains mit der jeweiligen TLD-Endung führt. Jeder Interessent kann den Domainstatus kostenlos abfragen und somit unmittelbar wahrnehmen, ob seine Wunschdomain noch registrierbar ist.

Die **Domainstatusabfrage** der Datenbanken wird auch unter der Bezeichnung **WHOIS** geführt. Mit der neuen europäischen Datenschutz-Grundverordnung (**EU-DSGVO**) sind die Regeln zur Verarbeitung per-

6 Die Registrierung von Domains

sonenbezogener Daten durch privatwirtschaftliche Unternehmen und öffentliche Institutionen EU-weit vereinheitlicht worden (Verordnung EU 2016/679). Die EU-DSGVO gilt seit dem 25. Mai 2018 unmittelbar in allen EU-Mitgliedsstaaten.

> **Personenbezogene Daten**
>
> **Personenbezogene Daten** sind nach Art. 4 EU-DSGVO „alle Informationen, die sich auf eine identifizierte oder identifizierbare natürliche Person ... beziehen; als identifizierbar wird eine natürliche Person angesehen, die direkt oder indirekt, insbesondere mittels Zuordnung zu einer Kennung wie einem Namen, zu einer Kennnummer, zu Standortdaten, zu einer Online-Kennung oder zu einem oder mehreren besonderen Merkmalen, die Ausdruck der physischen, physiologischen, genetischen, psychischen, wirtschaftlichen, kulturellen oder sozialen Identität dieser natürlichen Person sind, identifiziert werden kann ..." (Verordnung EU 2016/679).

Die Umsetzung der EU-DSGVO hat die offene Identifizierung von Domaininhabern und Domainadministratoren über die WHOIS-Verzeichnisse unmöglich gemacht. Die Domain Name Registries verzichten nun auf die bis dato standardmäßige Veröffentlichung von Name, Adresse und direkt personenbezogenen **Kontaktdaten** im WHOIS. Seit Einführung der EU-DSGVO im Mai 2018 erfasst die DENIC eG aus Gründen der Datensparsamkeit auch keinen administrativen Ansprechpartner (Admin-C) mehr. Im offen zugänglichen WHOIS-Verzeichnis finden sich nun neben dem Domainstatus und den technischen Daten lediglich zwei nicht personalisierte E-Mail-Links: eine für allgemeine und technische Anfragen (**General Request**) sowie eine, die bei vermutetem rechtswidrigen Gebrauch einer Domain genutzt werden kann (**Abuse Contact**). Nur der Domaininhaber selber kann über eine verschlüsselte Datenbankabfrage seine registrierten Daten einsehen.

In **Sonderfällen** kann die DENIC eG auf Anfrage gegen den Nachweis eines berechtigten Interesses Auskünfte zu **personenbezogenen Daten** erteilen. Dies betrifft (DENIC 2020a):

- Behörden im Rahmen ihrer hoheitlichen Tätigkeit (etwa im Bereich der Strafverfolgung, Gefahrenabwehr oder Pfändungsverfügung)

- Inhaber eines Namens- oder Kennzeichenrechts, dass durch die Domain möglicherweise verletzt wird
- Anspruchsteller, die im Besitz eines vollstreckbaren Titels sind und die zivilrechtliche Pfändung der domainvertraglichen Ansprüche des Domaininhabers beabsichtigen
- Insolvenzverwalter über das Vermögen eines (mutmaßlichen) Domaininhabers

Die Domaindatenbanken sind die tragende Säule der **Registrierungssysteme**. Nur so kann die eindeutige und nur einmalige Vergabe eines Domainnamens unter einer TLD sichergestellt werden. Jeden Monat werden Domains im sechsstelligen Bereich neu registriert, dazu kommen noch Hunderttausende Aktualisierungen bestehender Domaindaten (DENIC 2020b). Alle Domainregistrierungen sowie die Aktualisierungen der Datenbestände werden über ein rund um die Uhr zur Verfügung stehendes elektronisches Registrierungssystem abgewickelt. Mit **Escrow** hat die **ICANN** hohe Sicherheitsanforderungen an den Betrieb und die Sicherung von Datenbanken und Nameservern definiert.

Datenhinterlegung und Datensicherung über Escrow

ICANN-akkreditierte Domain Name Registries und Registrare müssen die Datensätze ihrer Domaindatenbanken bei einem akkreditierten Escrow-Agenten (**Designated Escrow Agent**) in verbindlichen Zeitintervallen treuhänderisch als Sicherungskopie hinterlegen. Die DENIC eG ist ein Designated Escrow Agent und kann diesen Service für Dritte anbieten (DENIC 2020c).

6.2 Ablauf und Durchführung der Domainregistrierung

Für die Registrierung von Domains gilt bei den Domain Name Registries das **Prioritätsprinzip** des „First Come – First Served". Maßgebend für die Auslegung des Prioritätsprinzips ist, welcher Auftrag zuerst in das Registrierungssystem eingetragen wurde. Bei der Registrierung sind die Formalia der **Anmeldeprozedur** stringent und fristgerecht einzuhalten. Jede Domain Name Registry hat ihr eigenes Verfahren, sodass sich die Voraussetzungen und Anforderungen je nach TLD unterscheiden. Die Angabe von korrekten und vollständigen **Datensätzen** ist die wichtigste Anforderung. Sind alle bereitzustellenden Daten und Informationen korrekt und vollständig hinterlegt, so erfolgt die vertraglich bindende Registrierung der Domain. Juristische Personen müssen eine natürliche Person als Ansprechpartner benennen.

> **Merke!**
>
> Mit der Gründung eines Startups in Deutschland wird meist zuerst versucht, die .de-TLD und idealerweise auch die .com-TLD unter der gleichen Namenskonvention zu registrieren. Damit wären im ersten Schritt eine kommerzielle Adressierung und ein geografischer Herkunftsnachweis hinterlegt.

Die Domainregistrierung für eine .de-TLD kann vom Antragsteller selber direkt bei der Domain Name Registry über den Service **DENICdirect** durchgeführt werden (DENIC 2020d). Alternativ kann die Domainregistrierung über einen beauftragten Dienstleister vorgenommen werden, dies sind in nahezu allen Fällen **Internet Service Provider** (ISP), da diese durch die DENIC eG nicht angebotene ergänzende Services wie die Bereitstellung von Webspace, die Einrichtung von E-Mail-Adressen und die Pflege der Nameserver anbieten.

> **Internet Service Provider**
>
> ISPs = Internet Service Provider (Internetdienstanbieter, Internetdienstleister) bieten verschiedene Hostingdienste wie **Domain-Hosting** (Registrierung und Betrieb von Domains), **Web-Hosting** (Bereitstellung von Webspace auf eigenbetriebenen Webservern), **Mail-Hosting** (Bereitstellung von E-Mail-Diensten über einen Mailserver) und **Server-Hosting** (Bereitstellung von Servern und Software für Unternehmen).

Es empfiehlt sich somit in den meisten Fällen, Domains über einen ISP zu registrieren und auch verwalten zu lassen, dieser fungiert dann bei der DENIC eG als direkter **Ansprechpartner** für alle Belange rund um die Verwaltung der im Kundenauftrag registrierten Domains. Die Registrierung einer .de-Domain kann über jeden **Domain Name Registrar** vorgenommen werden, der entweder selbst zertifiziertes Mitglied der DENIC eG ist oder mit einem der DENIC-Mitglieder kooperiert. Direkten Zugang zum Reservierungssystem haben ausschließlich die der Genossenschaft DENIC eG angehörigen Mitglieder. Der beauftragte Domain Name Registrar legt mit der Domainregistrierung einen Datenbankeintrag über den Domaininhaber an, damit ist die registrierte Domain auch in der offenen WHOIS-Abfrage visualisiert. Unabhängig davon, ob die Registrierung direkt oder über einen Dienstleister vorgenommen wird, es entsteht immer ein **Vertragsverhältnis** zwischen dem **Domaininhaber** und der DENIC eG. Abb. 6.1 stellt noch einmal die Rollen der Akteure im Registrierungsprozess von Domains dar.

Domain Name Registry = NIC (Network Information Center)

Die von der ICANN akkreditierte Institution, die im Alleinvertretungsmandat für die von ihr betreute Top-Level Domain die Zuteilung von Second-Level Domains mit der Bereitstellung eines Registrierungssystems sowie einer zentralen Domaindatenbank (WHOIS) verantwortet

DENIC für Deutschland, AFNIC für Frankreich, NORID für Norwegen, ...
Versign für .com gTLD und .net gTLD, Afilias für .info gTLD, ...

Registrar respektive Domain Name Registrar

Domain Name Registrare übernehmen im Kundenauftrag oder im Eigenhandel die Anmeldung von Second-Level Domains im Registrierungssystem, falls der Kunde dies über DENICdirect (für eine .de-Domain) nicht selber durchführt

Internet Service Provider oder Hosting- und Domaindienstleister als Mitglieder der DENIC oder in Kooperation mit einem Mitglied der DENIC

Registrant = Domaininhaber (Domain-Holder)

Diejenige natürliche oder juristische Person, die das relative Nutzungsrecht an einer Domain innehat, bis sie dieses kündigt oder wegen Verletzung des Domainrechts oder Versäumnis von Sorgfaltspflichten gegenüber der Domain Name Registry aufgeben muss

Unternehmen, Organisationen, Institutionen, Behörden, Parteien, Regierungsorgane, Privatpersonen, Künstler, Sportler.....

Abb. 6.1 Rollen der Akteure im Registrierungsprozess (Eigene Darstellung)

Mit der Anmeldung versichert der Antragsteller, dass er keine **Drittrechte** (Namensrechte und Markenrechte) verletzt. Werden später durch die Registrierung und Nutzung der Domain **Rechtsverletzungen** von Dritten beklagt, so ist der Domaininhaber, nicht die DENIC eG, derjenige, der sich verantworten muss. Die DENIC eG unterstützt **Anspruchssteller** bei Rechtsstreitigkeiten mit dem Service des **Dispute-Eintrags**. Dazu muss der Anspruchssteller nachweisen, dass ihm ein Recht an der Domain zukommen könnte und dieses Recht gegenüber dem Domaininhaber geltend machen. Eine Domain, die mit einem Dispute-Eintrag versehen ist, kann von ihrem Inhaber weiter genutzt, jedoch nicht an einen Dritten übertragen werden. Der Inhaber des Dispute-Eintrags wird zudem neuer Domaininhaber, sobald die Domain gelöscht wird (DENIC 2019).

6.3 Konnektierung der Domains

Mit der alleinigen Registrierung der Domain ist die damit zu adressierende Website noch nicht im Internet auffindbar. Eine Domain stellt ja nur den Verweis auf einen Rechner her, auf dem die Website vorgehalten wird. Die Domain muss in das **Domain Name System** (DNS) eingetragen werden, um dort in ihre **IP-Adresse** umgewandelt zu werden. Das DNS ist ein weltweit verteilter hierarchischer **Verzeichnisdienst**, der den gesamten **Namensraum** des Internets in einer baumförmigen Struktur mit einer Vielzahl von weltweit verteilten Servern verwaltet. Auf der obersten Ebene befinden sich die **Root-Server**, die das Root-Label der IP-Adresse auflösen. Auf der nächsten Ebene der Verzeichnisstruktur finden sich die **Nameserver** (DNS-Server) der TLDs, die den gesamten Namensraum dieser TLD verwalten. Von den TLD-Nameservern wird die .de-Domain weiter in die darunterliegenden Serverebenen aufgelöst, bis die zur Domain gehörige Website lokalisiert ist. Die DNS-Server sorgen dafür, dass mit der Webbrowsereingabe einer Domain die angefragte Website aus der hierarchischen Serverstruktur übermittelt und dem Internetnutzer die Inhalte angezeigt werden (IONOS 2019a). Ein **NS(Nameserver)-Resource Record** ist ein Datensatz eines DNS-Servers, der definiert, welcher Nameserver für eine entsprechende Zone offiziell zuständig ist und verkettet die Zonen mittels **Delegation** zu einem Zonen-Baum. Die Domain respektive die IP-Adresse wird dann beispielsweise nach der

Webbrowsereingabe in umgekehrter Lesereihenfolge von rechts nach links aufgelöst und von den autoritativen Nameservern auf weitere verknüpfte Server in der Baumstruktur delegiert. Mit der Registrierung muss der Registrant entweder unternehmenseigene oder von seinem ISP bereitgestellte Nameserver angeben, auf denen die neue Domain autoritativ liegt. Das DNS ist somit das Hauptelement eines performanten Zugriffs auf alle mit einer IP-Adresse konnektierten Webdienste. Um einen hohen Schutz vor Datenmanipulationen zu gewährleisten, unterstützen viele TLDs das **DNSSEC(Domain Name System Security Extensions)-Verfahren.** Dadurch soll sichergestellt werden, dass die Authentizität und Datenintegrität des DNS gewährleistet ist (IONOS 2019b).

Abb. 6.2 visualisiert zusammenfassend noch einmal die verschiedenen Schritte von der Feststellung eines Registrierungsbedarfs für eine Wunsch-

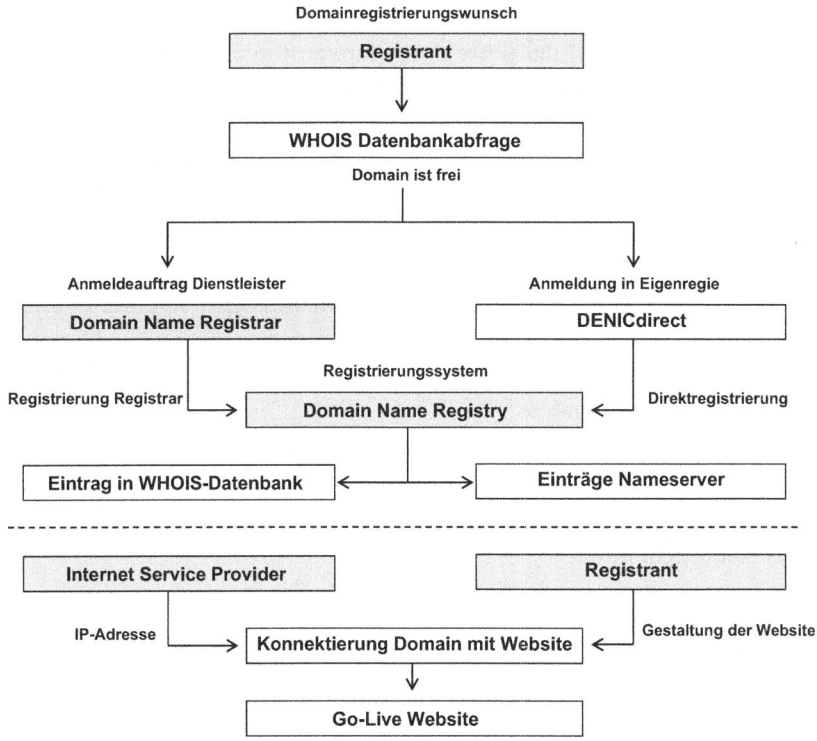

Abb. 6.2 Der Registrierungsprozess einer .de-Domain (Eigene Darstellung)

domain bis zur Freischaltung der mit der Domain konnektierten Website am Beispiel einer .de-Domain bei der Domain Name Registry DENIC eG.

6.4 Löschung von Domains und Neuregistrierung

Als **Expiring Domains** (frei werdende Domains) bzw. **Expired Domains** (freigewordene Domains) werden Domains bezeichnet, welche bei der jeweiligen Domain Name Registry gekündigt wurden oder bereits gelöscht sind.

Täglich wird weltweit eine Vielzahl an Domains frei. Dies kann verschiedene Gründe haben:

- Der Domaininhaber ist in Zahlungsverzug geraten
- Falsche oder nicht aktualisierte Datenbankeinträge des Domaininhabers führen zu einer Kündigung seitens der Domain Name Registry
- Eine Domain wurde verkauft
- Eine Domain wurde gekündigt, ohne dass der Domaininhaber diese verkauft hat
- Ein Domaininhaber ist insolvent, stellt seinen Geschäftsbetrieb ein und führt die mit der Domain konnektierte Website nicht weiter
- Ein Domaininhaber ist verstorben (die Inhaberschaft an einer Domain ist vererbbar. Der Erbe kann anstelle einer Löschung die Domaininhaberschaft fortführen, wenn er seine Erbenstellung gegenüber der Registry nachweisen kann)
- Eine Domain wurde versehentlich gekündigt (auch das kommt vor)
- Ein Providerwechsel ist fehlerhaft vollzogen worden
- Die Domain eines Schuldners wird als verwertbarer Vermögensgegenstand gepfändet

Domainpfändung

Nach Auffassung des Bundesgerichtshofs (BGH) gründet sich die Inhaberschaft an einem Domainnamen „auf die Gesamtheit der schuldrechtlichen Ansprüche, die dem Inhaber der Domain gegenüber der Vergabestelle der

> Pfändung nach § 857 Abs. 1 ZPO zustehen". Somit lassen sich sämtliche zur Registrierung und Nutzung eines Domainnamens erworbenen Ansprüche pfänden (BPM 2019):
>
> - Anspruch auf Eintragung der Domain in das DENIC-Zentralregister
> - Anspruch auf Aufrechterhaltung der Eintragung im Primary Nameserver als Voraussetzung für den Fortbestand der Konnektierung
> - Anspruch an den Domain Name Registar auf Anpassung der geänderten persönlichen Daten
> - Anspruch auf Zuordnung auf einen anderen Rechner durch Änderung der IP-Nummer

Mit dem Begriff **Domainsnapping** wird die automatisierte Beobachtung von Wunschdomains und deren Registrierung, sobald diese auslaufen oder zum Kauf angeboten werden, bezeichnet. Der Status eines Domainlöschvorgangs lässt sich aus der WHOIS-Datenbank ablesen. Sobald eine Domain frei ist, muss sie sofort registriert werden, denn aufgrund des **Prioritätsprinzips** bei der Domainregistrierung kommt es auf Schnelligkeit an. Dienstleister versuchen durch automatisierte Statusabfragen in der WHOIS-Datenbank genau den Zeitpunkt abzupassen, wenn die Domain für eine Neuregistrierung freigeschaltet ist, um dann sofort den Registrierungsauftrag des Kunden zu platzieren. Bei der automatischen Registrierung von frei werdenden Domains spricht man von **Backorder** und dementsprechend von einem **Backorder-Service**. Dem Backorder-Service steht in Abgrenzung zum **Domaingrabbing** oder **Cybersquatting** meist eine seriöse Nutzungsabsicht von Unternehmen gegenüber, die genau diese Domain beispielsweise als Ergänzung ihres Domainportfolios benötigen. Privatpersonen, die nicht automatisierte Verfahren nutzen können, haben gegen die professionell agierenden Dienstleister in diesem **Geschwindigkeitswettbewerb** meist das Nachsehen. Sofern für eine neuregistrierte Domain noch keine Verknüpfung mit einer Website geplant oder auch gar nicht vorgesehen ist, kann der Domaininhaber durch ein **Domainparking** diese für die Schaltung von Werbung nutzen, um damit bis zu einer späteren anderweitigen Verwendung oder einem Verkauf der Domain Erlöse zu generieren. Domainhändler nutzen häufig die Option des Domainparkings.

Für alle .de-Domains gilt seit 2013 bei einer beauftragten Löschung ein Karenzverfahren, die sogenannte **Redemption Grace Period** (RGP). Dieses Verfahren schützt **Domaininhaber** vor dem ungewollten Verlust ihrer Domain durch eine versehentliche Löschung (DENIC 2020e). Innerhalb der 30-tägigen RGP-Karenz ist die gekündigte Domain vor einer **Neuregistrierung durch Dritte** gesperrt. Falls innerhalb dieser Frist keine erneute Registrierung durch den letzten Domaininhaber erfolgt ist, steht die Domain nach Ablauf der Frist jedem Interessierten zur Neuregistrierung zur Verfügung (DENIC 2020e). Die RGP kann außer Kraft gesetzt werden, wenn der letzte Domaininhaber durch eine schriftliche Erklärung gegenüber der DENIC eG auf die **Karenzzeit** verzichtet. Der Status der RGP kann im WHOIS-Verzeichnis ausgelesen werden. Dort findet sich das Datum der beauftragten Löschung durch den Domaininhaber. Damit ist der Tag identifiziert, an dem die RGP ausläuft (aber eben nicht die exakte Uhrzeit, wann der Status dieser Domain in der Domaindatenbank auf „nicht registriert" aktualisiert ist). Die RGP hat den großen Vorteil, dass sie einerseits dem Vorbesitzer die Möglichkeit einräumt, die Domain nochmal zu reaktivieren und andererseits gibt es eine taggenaue Verlässlichkeit über den Ablauf von RGPs und damit frei werdende Domains. Ist die gekündigte Domain mit einem **Dispute-Eintrag** versehen, so schließt sich mit der Kündigung durch den Domaininhaber keine RGP an, der **Dispute-Inhaber** wird auf direktem Wege als neuer Domaininhaber registriert (DENIC 2020e).

Ihr Transfer in die Praxis

- Überprüfen Sie regelmäßig Ihre Datensätze in den Domaindatenbanken der Domain Name Registries auf Vollständigkeit und Aktualität.
- Recherchieren Sie mögliche Rechtschreibfehler ihrer Domainnamen und überprüfen Sie, ob relevante Tippfehlerdomains von Dritten registriert sind und auf welche Websites diese führen.
- Registrieren Sie selber, falls diese noch frei sind, relevante Tippfehlerdomains mit häufig vorkommenden Rechtschreibfehlern.
- Verschaffen Sie sich einen Überblick, wie viele Ihrer Domains mit Websites konnektiert sind und wie sich deren Anteil in Relation zu ihren inaktiven, derzeit nicht genutzten Domains darstellt.

Literatur

BPM. (2019). Domainpfändung. https://bpm-legal.de/domainpfaendung. Zugegriffen am 11.11.2019.

DENIC. (2019). Der DISPUTE-Eintrag. https://www.denic.de/service/dispute/. Zugegriffen am 07.11.2019.

DENIC. (2020a). Auskunft über den Inhaber einer bestimmten Domain. https://www.denic.de/service/whois-service/anfragen-dritter-zu-inhaberdaten/. Zugegriffen am 30.01.2020.

DENIC. (2020b). Die Domain-Datenbank – Zentralregister aller .de-Domains. https://www.denic.de/service/domain-datenbank/. Zugegriffen am 30.01.2020.

DENIC. (2020c). DENIC Data Escrow Services. https://www.denic.de/service/data-escrow-services/. Zugegriffen am 30.01.2020.

DENIC. (2020d). DENICdirect. https://www.denic.de/service/denicdirect/. Zugegriffen am 08.01.2020.

DENIC. (2020e). Redemption Grace Period für .de. https://www.denic.de/domains/de-domains/loeschung/redemption-grace-period/. Zugegriffen am 08.01.2020.

IONOS. (2019a). DNS-Records: Wie funktionieren DNS-Einträge? https://www.ionos.de/digitalguide/hosting/hosting-technik/dns-records/. Zugegriffen am 08.01.2020.

IONOS. (2019b). DNSSEC: Internetstandards zur signierten Namensauflösung. https://www.ionos.de/digitalguide/server/knowhow/dnssec-signierte-namensaufloesung/. Zugegriffen am 30.01.2020.

Verordnung EU 2016/679. Verordnung (EU) 2016/679 des europäischen Parlaments und des Rates vom 27. April 2016 zum Schutz natürlicher Personen bei der Verarbeitung personenbezogener Daten, zum freien Datenverkehr und zur Aufhebung der Richtlinie 95/46/EG (Datenschutz-Grundverordnung).

7

Der Erwerb von Domains: Domainhandel

> **Was Sie aus diesem Kapitel mitnehmen**
> - Welche Komponenten der Werttaxierung einer Domain zugrunde liegen
> - Wie ein Direktgeschäft des Domainkaufs vertrauenswürdig und rechtskonform abgewickelt wird
> - Welchen Rahmenbedingungen der Handel mit Domains auf Sekundärmärkten unterworfen ist
> - Wie der Domainhandel über Marktplätze und Handelsplattformen organisiert ist und durchgeführt wird
> - Warum Domains insolventer Unternehmen für Wettbewerber und Start-ups attraktiv sind

Domains sind keine materiellen Güter, sie stellen jedoch einen hohen Wert dar, wenn es sich um attraktive Domainnamen handelt. Domains können auch als „virtuelle Grundstücke" oder „virtuelle Immobilien" in Verbindung mit einer dazugehörigen „bebauten" Website bezeichnet werden. Sie stellen ein übertragbares **Wirtschaftsgut** dar und können als **immaterielle Vermögensgegenstände** frei gehandelt werden. Einem

Domaininhaber ist es erlaubt, seine Kündigung und die Übertragung der Domaininhaberschaft an einen Dritten von der Zahlung eines Kaufpreises abhängig zu machen (Schmied 2017a).

Unter **Domainhandel** versteht man den gewerblichen Handel mit Domains. Als **Rechtsgeschäft** wird auf diesem Weg gegen die Zahlung eines Kaufpreises die Inhaberschaft an einer Domain von einem Verkäufer auf einen Käufer übertragen. Der Domainhandel ist ein legitimes Rechtsgeschäft. Jede Domain kann Gegenstand eines Domainhandels sein. Voraussetzung ist, dass Käufer und Verkäufer rechtsfähig sind, die Domaininhaberschaft rechtmäßig erworben wurde, keine offenen Rechtsstreitigkeiten wegen der Verletzung von Namens- und Markenrechten anhängig sind und somit kein **Dispute-Eintrag** (siehe Abschn. 6.4) vorliegt. Ist der Kaufvertrag mit allen Rechten und Pflichten vollzogen, so wird der Käufer bei der zuständigen **Domain Name Registry** als neuer Domaininhaber eingetragen.

Wird die Wunschdomain aktiv zum Kauf angeboten, so bieten sich spezialisierte Plattformen des Domainhandels zur Offerierung des Angebotes und der rechtsicheren Durchführung des Geschäftes an (siehe Abschn. 7.4). Für den Anbieter ist es das Ziel, eine Domain mit einem möglichst hohen Erlös zu verkaufen. Dafür muss sich ein Nachfrager finden, der bereit ist, den geforderten Kaufbetrag zu entrichten. Um den **Kaufpreisverhandlungen** eine seriöse Basis zu verschaffen, muss der monetäre Wert einer Domain taxiert werden (siehe Abschn. 7.1). Sollte eine Wunschdomain nicht aktiv zum Kauf angeboten werden, so kann über die Direktansprache eines identifizierten Domaininhabers versucht werden, diesen zum Verkauf seiner Domain zu motivieren (siehe Abschn. 7.2).

7.1 Der monetäre Wert von Domains

Basis für seriöse Kauf- und Verkaufsverhandlungen ist die Transparenz über den monetären Wert einer Domain. Dieser Wert determiniert die Spanne für die **Preisverhandlungen**. Die Domain kann für den Kaufinteressenten durchaus einen höheren Wert als den geschätzten Kaufpreis darstellen, wenn sich seine Aufwendung schnell amortisiert, weil die

Wunschdomain ein wichtiger Baustein in der Ansprache der Zielgruppe und der Vermarktung der Produkt- und Leistungspalette des Unternehmens darstellt. Somit hängt der Wert aus Käufersicht auch von seinen **Zukunftserwartungen** an eine erfolgreiche Nutzung der Wunschdomain ab. In manchen Fällen mag eine Domain darüber hinaus für den Kaufinteressenten auch einen ideellen Wert verkörpern, dann wird er eine über den objektiven Wert hinausgehende höhere **Zahlungsbereitschaft** mitbringen. Die Aufwendungen des Domainkaufs sind als **Anschaffungskosten** für ein nicht abnutzbares immaterielles Wirtschaftsgut zu betrachten, es handelt sich nicht um eine Entschädigungs- oder Abfindungszahlung an den bisherigen Domaininhaber (Schmied 2017a). Damit ist der Domainkaufpreis eine sofort abzugsfähige **Betriebsausgabe** und kein abschreibungsfähiges Wirtschaftsgut. Der Gesetzgeber und die Rechtsprechung legen dieser Argumentation die Annahme zugrunde, dass sich eine Domainadresse wirtschaftlich nicht abnutzt (Schmied 2017b).

Basis für seriöse Preisverhandlungen ist die Ermittlung einer dem Wert der Domain entsprechenden **Preisspanne**. Um darauf basierend einen realistischen Preis für Domains abzuleiten, können **Wertgutachten** in Auftrag gegeben werden. Dabei ist je nach Aufwand, Zeitrahmen und Honorar zu prüfen, ob eine grobe **Kurzbewertung** ausreichend ist oder ein detailliertes Domainwertgutachten in Auftrag gegeben wird. Anschließend kommt es auf das Verhandlungsgeschick der beiden Parteien an, auf welchen Verkaufspreis man sich einigt. Eine Domain ist als Wirtschaftsgut separat zu bewerten (Schmied 2017a). Beim Domainhandel im eigentlichen Sinne geht es ausschließlich um die Rechte an einer Domain, unabhängig davon, ob diese inaktiv ist, geparkt ist oder durch die Konnektierung mit einer seriösen Website aktiv genutzt wird. Die mit der Domain verknüpfte Website ist somit in der Regel nicht Gegenstand eines „reinen" Domainhandelsgeschäftes. Soll beispielsweise nicht nur die Domain, sondern auch ein dazugehöriger Onlineshop veräußert werden, so ist die Domain als Bestandteil des Onlineshops zu betrachten. Beide Assets, die Domain und der Onlineshop, können dann zu einem **Gesamtwert** zusammengefasst werden. Dann geht es aber nicht mehr nur um einen Domainkauf, sondern um die Veräußerung eines Geschäftsmodells oder eines Unternehmens. Es gibt verschiedene Modelle der Domainbewertung, die quantitative Kennzahlen und qualitative Aspekte als gewichtete wertrepräsentierende Faktoren kombinieren.

> **Domainbewertung mit der RICK-Formel**
>
> Der von United Domains (www.united-domains.de) entwickelte Algorithmus zur Wertermittlung einer Domain kombiniert die vier Parameter **(R)**isiko juristischer Auseinandersetzungen, **(I)**mage der Top-Level Domain, **(C)**ommerce für das Potenzial der kommerziellen Nutzung und **(K)**ürze für die Länge des Domainnamens. Ein attraktiver Wert einer Domain basiert nach dieser Formel darauf, dass eine Domain möglichst kurz sein sollte, eine populäre TLD-Endung aufweist, kommerziell nutzbar ist und nicht die Rechte Dritter verletzt (Dingeldey 2011).

> **Domainbewertung mit der Horatius Formel**
>
> Der Domaindienstleister Adressio (www.adressio.de) bietet neben der Option einer einfachen Schnellbewertung auch ein als Horatius-Formel tituliertes Bewertungsverfahren. Die Berechnung basiert auf einem in mehrere Kategorien unterteilten Fragebogen mit 12 Fragen. Die Kategorien beziehen sich auf das Alter der Domain, Suchmaschinenrelevanz, Angaben zur Besucherfrequenz sowie die Art und Aktualität des Inhalts auf der mit der Domain verknüpften Website (Vogelsang und Blechschmidt 2007, S. 207).

Im Internet gibt es viele Anbieter und Dienste, die mit automatisierten Verfahren, denen standardisierte **Berechnungsalgorithmen** zugrunde liegen, den Wert einer Domain ermitteln. Unter https://de.godaddy.com oder http://www.domainbewertung.de.com lässt sich in Sekundenschnelle kostenlos der „Wert" einer eingegebenen Domainadresse anzeigen. Für die Ermittlung des objektiven **Marktwerts** einer Domain ist ein ausschließlich automatisiertes Verfahren eher als eine grobe Schätzung des Verkaufspotenzials zu sehen. Bei nur geringen Preisspannen von Domains reicht diese Verfahrensweise aus. Je attraktiver die zum Kauf angebotene Domain und je höher die Preisvorstellungen des Verkäufers, desto eher sollte in eine detailliertere Wertanalyse bei Domainexperten investiert werden. Diese kombinieren standardisiert-automatisierte Auswertungsverfahren mit einer individuellen Wertbegutachtung der Domain.

7 Der Erwerb von Domains: Domainhandel

> **Onlinedienste zur automatisierten und individuellen Wertermittlung einer Domain**
>
> Die Domainhandelsplattform **Sedo GmbH** (https://sedo.com/de/) bietet ein kostenpflichtiges Domain-Wertgutachten für die eigene oder eine fremde Domain an. Eine individuelle Bewertung wird anhand unterschiedlicher quantitativer und qualitativer Kriterien durchgeführt. Die **Nicit GmbH** (www.nicit.de) bietet individuelle Domainbewertungen in verschiedenen Paketen, einer Premiumversion und einer kostengünstigeren Basisversion für eine schnelle Werttaxierung. Im Segment der Domainwertermittlung gibt es eine Vielzahl von Anbietern. Käufer und Verkäufer müssen prüfen, welcher Dienst ihm als der valideste erscheint. Die vielen kostenfreien automatisierten Wertermittlungstools lassen sich schnell und einfach für eine Gegenüberstellung von Wertermittlungen nutzen, um eine erste grobe Wertschätzung zu erhalten.

Die Attraktivität einer Domain wird durch verschiedene Faktoren bestimmt, die Gewichtung dieser Faktoren für die fallbezogene Wertermittlung ist ein Mix aus langjähriger Erfahrung und einer individuellen Begutachtung:

- Die Kürze und Prägnanz eines Domainnamens: je kürzer, desto einprägsamer, desto werthaltiger
- Die TLD-Endung: populäre TLDs wie .de- und .com-Domains haben einen höheren Wert als wenig genutzte, selten nachgefragte TLDs
- Die Alleinstellung eines Domainnamens bzw. aus anderer Perspektive keine offensichtliche Verwechslungsgefahr mit ähnlich lautenden Domains
- Das Alter der Domain als Google-Rankingfaktor: Pauschal gesagt: langjährig aktive Domains werden wertvoller eingestuft
- Relevanz in den Suchmaschinen, vornehmlich Google
- Gute Indexierung in den Ergebnisseiten der Suchmaschinen
- Ein attraktives Keyword ist Bestandteil des Domainnamens
- Anzahl der Suchanfragen für das in den Domainnamen integrierte Keyword

- Hohe Domainpopularität und das Verhältnis von Link- und Domainpopularität. Backlinks (Verlinkungen) von verschiedenen Domains auf die eigene Seite
- High Domain Authority: eine von MOZMetrics entwickelte der Domainpopularität ähnliche Kennzahl für die Darstellung der Relevanz einer Website für ein bestimmtes Thema

7.2 Direkter Kauf und Verkauf registrierter Domains

Domains sind ein handelbares Wirtschaftsgut, für deren Kauf und Verkauf kein regulierter Markt und somit auch keine **Marktzugangsbarrieren** bestehen. Jede geschäftsfähige Person kann als Käufer und/oder Verkäufer einer Domain aktiv werden. Für die erfolgreiche Durchführung eines Handelsgeschäftes müssen ein Kauf- und ein Verkaufsinteressent zusammenfinden, um gegen die Zahlung eines ausgehandelten Preises die **Besitzübertragung** an einer Domain verbindlich und rechtskonform abzuwickeln. Das Domainhandelsgeschäft ist sowohl ein Käufer- wie auch ein Verkäufermarkt. Die Anbahnung eines **Domaininhaberwechsels** kann von beiden Seiten initiativ gestartet werden, entweder geht der Kaufinteressent oder der Verkaufsinteressent aktiv auf den potenziellen Vertragspartner zu.

Variante 1: Anbahnung durch den Kaufinteressenten
Ein Kaufinteressent möchte einen Domaininhaber zur Abtretung seiner Domain an ihn gegen Zahlung eines Kaufpreises bewegen. Er spricht diesen direkt oder indirekt über einen Dritten an, erfragt seine **Verkaufsbereitschaft**, bietet Kaufpreisverhandlungen an oder unterbreitet unmittelbar ein **Gebot** für den Kauf der Domain. Die aktive **Kontaktanbahnung** durch einen Kaufinteressenten ist ein häufig beschrittener Weg für eine Domainübertragung. Dieser wird immer dann aktiv, wenn er über eine Domaindatenbankabfrage feststellt, dass seine Wunschdomain bereits registriert ist und er ein hohes Interesse daran hat, genau diese Do-

main zu erwerben. Mit der **Direktansprache** versucht er, den Domaininhaber zum Verkauf zu motivieren. Je attraktiver das **Erstgebot**, umso eher kann eine bis zu diesem Zeitpunkt nicht latent vorhandene Verkaufsbereitschaft geweckt werden. Eine Vielzahl von Domains wechselt nach meist kurzen Verhandlungen den Besitzer.

Der Kaufinteressent kann unmittelbar direkt als Person in eigenem Namen in Erscheinung treten oder einen **Vermittler** (Domaindienstleister, ISP, Rechtsanwalt, Treuhänder, Agentur oder andere Dritte) beauftragen, für ihn mit dem Domaininhaber in Kontakt zu treten. Denn handelt es sich bei dem Kaufinteressenten um eine prominente Person oder ein bekanntes Unternehmen, so können die Verkaufsverhandlungen über einen zwischengeschalteten Vermittler dafür sorgen, dass der eigentliche Käufer anonym bleibt und nicht allein aufgrund seiner Bekanntheit und Marktgeltung mit überzogen hohen **Preisforderungen** konfrontiert wird. Bei einem Kaufinteresse an einer nicht initiativ zum Verkauf angebotenen Domain ist natürlich die Identifizierung des Domaininhabers und die Evaluierung seiner Kontaktadressen die Voraussetzung für eine Direktansprache. Dies war bis zum Inkrafttreten der **EU-DSGVO** im Mai 2018 einfach zu recherchieren, da in der WHOIS-Datenbank der Domain Name Registry DENIC eG der Domaininhaber und seine Kontaktdaten offen einsehbar waren. Die **Anonymisierung** der personenbezogenen Daten in den Domaindatenbanken (siehe Abschn. 6.1) hat die Recherche der Inhaber- und Kontaktdaten nun deutlich erschwert.

Sofern eine Wunschdomain mit einer Website verknüpft ist, bietet sich zur Identifizierung des Domaininhabers ein Blick in die Pflichtangaben des **Impressums** an. Kreativität und Intuition sind gefragt, wenn es sich um eine inaktive Domain handelt. Diese lässt sich grundsätzlich leichter erwerben, da die Domain gerade nicht genutzt wird, gegebenenfalls wird diese vielleicht auch gerade initiativ zum Verkauf auf Domainhandelsplattformen angeboten (siehe Abschn. 7.4). Bei einer aktiv genutzten Domain muss hingegen der Domaininhaber davon überzeugt werden, dass er sich von seiner Domain trennt und seinen damit konnektierten Webauftritt mit einer alternativen Adressierung weiterbetreibt. Dies wird bei einer etablierten Website zu **Abstandsforderungen** über den singulären Wert der Domain hinausgehen. Steht hinter der Wunschdomain ein erfolgreicher Webauftritt, so wird der Domaininhaber gegebenenfalls den Kauf der Domain mit der Website im Paket verlangen, um mit einem attraktiven Verkaufspreis **Startkapital** für ein gänzlich neues Webprojekt zu gewinnen.

Apple Domainkäufe iCloud

iCloud (als Nachfolger des Apple MobileMe Dienstes) ist ein 2011 von Apple eingeführter Onlinedienst, mit dem Daten gespeichert und zwischen mehreren Geräten synchronisiert werden können. Gerade noch rechtzeitig vor dem Start des neuen Dienstes erwarb Apple von dem schwedischen IT-Technologieunternehmen Xcerion die Domain icloud.com für einen kolportierten Betrag von 6 Mio. US-Dollar (Styler 2019). Mit dem Kauf von icloud.net im Jahr 2017 ist eine der letzten icloud-TLDs von Apple erworben worden. Das dahinter stehende wenig bekannte soziale Netzwerk schloss seine Dienste zum 1. März 2017. Die Höhe des Kaufpreises wurde von Apple nicht bekannt gegeben. Mittlerweile hat Apple hunderte Domains mit dem Begriff iCloud im Bestand (Kubiv 2017).

Variante 2: Anbahnung durch den Verkäufer

Ein Verkaufsinteressent dient in seinem Besitz befindliche Domains aktiv über die Direktansprache Personen, Unternehmen oder Institutionen an, von denen er sich ein Interesse an dem Erwerb seiner Domains erhofft. Auch er kann entweder **Kaufpreisverhandlungen** anbieten oder direkt einen gewünschten **Festpreis** offerieren. Diese Variante gestaltet sich für den potenziellen Käufer wesentlich einfacher, da in diesem Fall der Verkäufer mit seiner Absicht der **Domainveräußerung** initiativ nach außen tritt, sei es, dass er Domains aktiv auf einer Domainhandelsplattform zum Kauf anbietet, auf einer mit der Domain konnektierten Website seine Verkaufsabsicht adressiert oder als Domainhändler seine zum Verkauf stehenden Domains offen anbietet. Als Verkäufer können verschiedene Personenkreise auftreten. Zum einen sind es Privatpersonen, gegebenenfalls **Domaingrabber**, die Domains bereits mit der Absicht einer späteren gewinnbringenden Veräußerung registriert haben. Des Weiteren können Domainhändler und Marktplätze im Besitz von Domains sein, die sie im **Eigengeschäft** auf ihren Plattformen zum Kauf anbieten. Letztendlich sind es auch Unternehmen selber, die ihr Domainportfolio bereinigen und von ihnen nicht mehr genutzte Domains zum Kauf ausgewählten Interessenten anbieten, mit denen sie nicht im direkten unmittelbaren Wettbewerb stehen.

Bei einer **Direkttransaktion** von Domains ist der Transfer über eine **Treuhandplattform** die sicherste Variante für beide Partner. Die Einschaltung eines versierten und erfahrenen Treuhänders schafft eine Vertrauensbasis für beide Partner, sodass die Zahlung des Kaufpreises auch an die sichere Übertragung des Vermögenswertes gekoppelt ist (Bachmann 2019). Mit dem Abschluss des Kaufvertrages verpflichten sich beide Parteien schuldrechtlich zur Übertragung der Domain gegen Zahlung eines Kaufpreises (Bardehle Pagenberg 2014, S. 6). Ist die vertragsrechtliche Leistung des Käufers (Hinterlegung des Kaufpreises auf einem Treuhandkonto) gesichert, stellt der Verkäufer bei der Domain Name Registry einen Antrag auf Inhaber- und Providerwechsel. Diese trägt daraufhin den Erwerber als neuen Domaininhaber ein (Bardehle Pagenberg 2014, S. 6). Der **Inhaberwechsel** ist formal vollzogen, wenn der neue Domaininhaber mit allen zu hinterlegenden Daten in der WHOIS-Datenbank eingetragen ist. Ein Domaininhaberwechsel ist allerdings nicht möglich, wenn bei der Domain Name Registry zu dieser Domain ein **Dispute-Eintrag** (siehe Abschn. 6.4) vorliegt. Daher sollte bereits im Vorfeld von Kaufverhandlungen bei den Domain Name Registries geprüft werden, ob für die zur Disposition stehende Domain markenrechtliche Bedenken angemeldet wurden. Abb. 7.1 visualisiert noch einmal in einer zusammenfassenden Übersicht das Vorgehen beim Ankauf einer registrierten Domain.

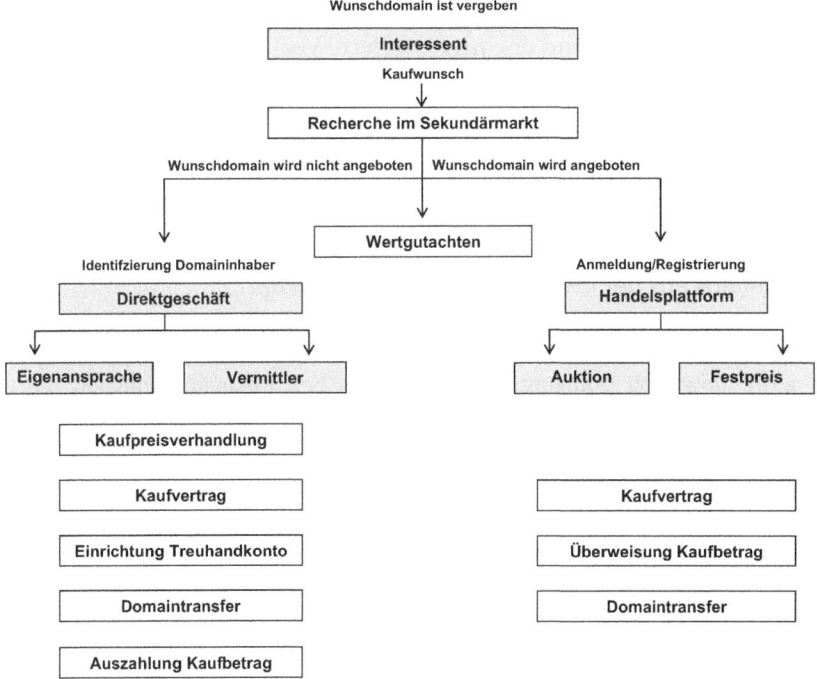

Abb. 7.1 Ankauf registrierter Domains (Eigene Darstellung)

7.3 Die Monetarisierung von Domains in Insolvenzverfahren

Im Jahr 2019 gingen in Deutschland nach vorläufiger Schätzung ca. 19.400 Unternehmen in die **Insolvenz** (Creditreform 2019). Wird ein Insolvenzverfahren eröffnet, so verliert der **Gemeinschuldner** die Befugnis, über sein Vermögen zu verfügen. Dieses Recht geht auf den **Insolvenzverwalter** über. Nahezu jedes insolvente Unternehmen verfügt über eine mehr oder weniger hohe Anzahl an Domains. Domains können als **Einzelwert** auch losgelöst vom Unternehmen veräußert werden. Eine Domain muss, damit sie in einem Insolvenzverfahren verwertbar ist, zunächst Teil des **Schuldnervermögens** und damit der **Insolvenzmasse** sein (Thiele 2003). Ob diese dann einen Vermögenswert darstellen, muss der bestellte Insolvenzverwalter beurteilen. Bei der Aussicht auf einen substanziellen **Erlös** wird er eine gesonderte Veräußerung in Betracht ziehen und die Domains Dritten zum Erwerb anbieten. Dabei muss auch abgewägt werden, ob bei einem Verkauf **Persönlichkeitsrechte** aus dem Namensrecht berücksichtigt werden müssen, wenn die Domain nicht eine generische, sondern eine Namensdomain ist (Thiele 2003).

Domains aus der Insolvenzmasse von Air Berlin

Im Jahr 2017 wurde das Insolvenzverfahren Air Berlin eröffnet. Zur Insolvenzmasse zählten neben ca. 180 geschützten Begriffen und Wortmarken auch rund 1000 Domains. Darunter waren beschreibende Domains, die ohne unmittelbaren Bezug zu Air Berlin auch unter einer neuen Inhaberschaft frei von Vergangenheitsbelastungen weitergeführt werden können, beispielsweise luftfahrtbezogene Domains wie „JustFly", „airbistro", „wefly-europe.com", „mallorca-shuttle.com" oder „city-shuttle.com", aber auch branchenneutrale Domains, wie beispielsweise „jubelpreise.com". Die vollständige Liste aller zum Verkauf stehenden Domains konnten Bieter mit unterschriebener Vertraulichkeitserklärung einsehen. Die mit dem Verkauf beauftragte Unternehmensberatung hat gezielt zu Investoren Kontakt aufgenommen, die ein potenzielles Interesse an den Domains haben könnten (Schobelt 2018).

Die Veräußerung der Rechte an einer Domain in einem Insolvenzfahren kann durch den Insolvenzverwalter mit einem **Bieterverfahren** befördert werden, um durch einen **Bieterstreit** mehrerer Interessenten eine attraktive Monetarisierung von stark nachgefragten Domains zu erlösen. Dabei geht es bei bekannten Unternehmen häufig nicht nur um die Domain, sondern auch um die Marke, Markenrechte, das Logo und die Adress- bzw. Kundendaten, die aus der Insolvenzmasse erworben werden wollen. Dies ist der Fall, wenn der Käufer hinter dem Domainnamen trotz der Reputationsbelastung durch die Insolvenz ein Vermarktungspotenzial sieht, weil der **Markenname** einen hohen **Bekanntheitsgrad** in sich trägt.

Wird das insolvente Unternehmen nicht mehr fortgeführt, so können der Kauf und die Weiterverwendung der Domains für ein anderes Unternehmen attraktiv sein, wenn diese Domain eine Marke mit einer treuen Stammkundenklientel repräsentiert und bei den Verbrauchern mit positiven Assoziationen verbunden ist. So erlebt das ehemalige Warenhaus Hertie unter www.hertie.de ebenso eine virtuelle Wiedergeburt wie die insolvente Praktiker-Baumarktkette unter www.praktiker.de. Die Sicherung der **Namensrechte** an altbekannten Marken kann für Start-ups, aber auch für etablierte Unternehmen ein Vorteil sein, wenn sie unter der bewährten Marke ein ähnliches Produkt- und Leistungsprogramm neu aufsetzen.

> **Was ist aus den Versandhändlern Neckermann (neckermann.de) und Quelle (quelle.de) geworden?**
>
> Der Universalversender Neckermann ging 2012 in die Insolvenz. Aus der Insolvenzmasse erwarb der Konkurrent Otto die Rechte an der Marke neckermann.de in Deutschland und deren Eigenmarken sowie die Rechte an deren Internetauftritten (Hofmann 2012). Seit 2013 betreibt der Otto-Versand einen Onlineshop unter neckermann.de. Nach der Insolvenz des Universalversenders Quelle im Jahr 2009 erwarb Otto auch deren Markenrechte (Reidel 2009). Damit wollte Otto unter anderem verhindern, dass Amazon die Markenrechte an Quelle erwerben könnte. Seit 2013 wird quelle.de unter der 2013 gegründeten Quelle GmbH als Tochterunternehmen der Otto Group weitergeführt. Die Marke Quelle agiert seither wieder als Universalversandhaus und wird von der UNITO Versand & Dienstleistungen GmbH geführt, die wiederum zur Otto Group gehört.

7.4 Plattformen für den Domainhandel

Anders als gewerbliche Domainhändler, die im Eigengeschäft Domains auf ihren Websites zum Kauf offerieren, führen auf Provisionsbasis agierende Handelsplattformen als **Dienstleister** Verkäufer und Käufer von Domains gezielt auf ihrem **Marktplatz** zusammen. Diese Domainhandelsplattformen bedienen sich meistens der Vermarktungsform einer **Auktion**, aber es werden auch Handelsgeschäfte mit Festpreisgeboten vermittelt. International bekannte und weltweit führende Handelsplattformen sind Sedo (www.sedo.com) sowie der US-amerikanische Domainregistrar und Webhoster GoDaddy (https://de.godaddy.com/). Daneben gibt es noch eine Vielzahl weiterer Anbieter, von kleineren spezialisierten bis hin zu international agierenden **Domainhandelsplattformen**.

7 Der Erwerb von Domains: Domainhandel

Die Verkaufsgebote sind durch verschiedene Faktoren geprägt, die auch schon im Abschn. 7.1 mit den Varianten der Berechnung des monetären Wertes einer Domain konkretisiert wurden. Zuvorderst ist eine zum Kauf stehende Domain durch die Attraktivität und Beliebtheit ihrer TLD-Endung im Wert geprägt. So sind .com-Domains meist höher bewertet als die meisten anderen TLDs. Mit dem Domainhandel lassen sich somit je nach Attraktivität der Top-Level Domain und des Second-Level-Domainnamens durchaus hohe **Verkaufserlöse** erzielen. Wie Abb. 7.2 in ihrer grafischen Übersicht veranschaulicht, sind es bei den Top Ten der weltweit höchsten bisher erzielten Kaufpreise für Domains ausnahmslos .com-Domains (Styler 2019).

Nach der **Popularität** der TLD-Endung ist es vor allem die Länge des Domainnamens, die eine Wertkomponente darstellt. Grundsätzlich gilt: je kürzer, desto wertvoller. Dies trifft vor allem auf die nur aus wenigen Zeichen zusammengesetzten Einwort-Domainnamen zu. Eine substanzielle **Nachfrage** und attraktive **Verkaufspreise** erzielen fast ausnahmslos

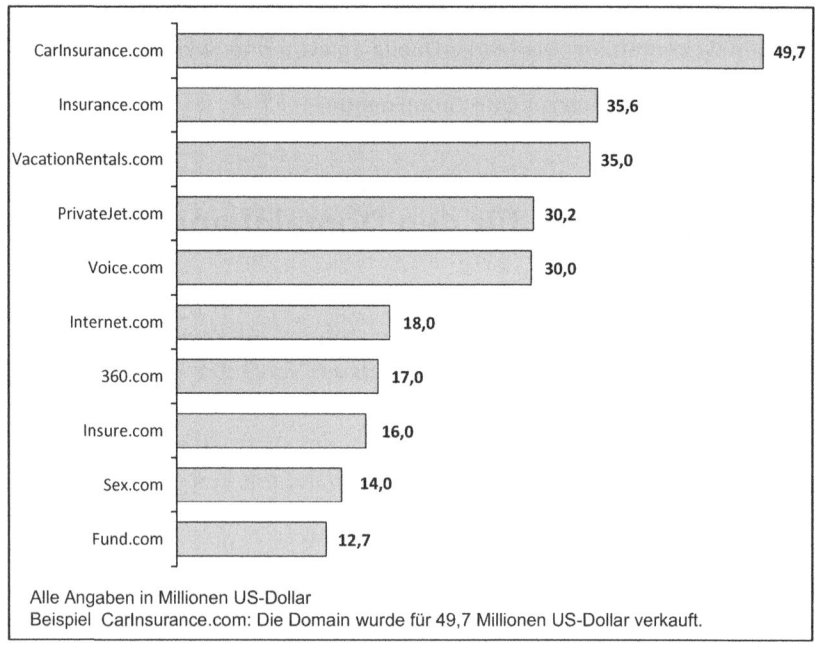

Abb. 7.2 Die weltweit höchsten Domainverkäufe (Eigene Darstellung)

Gattungsbegriffe und generisch-beschreibende Domainnamen zu besucherfrequenzstarken Themen wie Versicherungen, Finanzen, Geldanlage, Aktien, aber auch Themen wie Sex, Pornografie und Glücksspiele in den Ausprägungen von Sportwetten und Casinobetrieb. Die eine Sortiments- und Warenkategorie sowie eine Produktgattung oder eine Produktklasse beschreibenden und hochwertigen **Category Killer Domains**, wie beispielsweise kaffee.de, windeln.de, bier.de oder wein.de, sind besonders begehrt und können attraktive Preise bei einer Veräußerung erzielen, weil sie in dieser **Alleinstellung** als Begriff stellvertretend für die dazugehörigen Sortimentsprodukte stehen.

Beim Angebot von Namensdomains lässt sich nur bei einer **Namensidentität** des Kaufinteressenten auf ein ausgeprägteres Interesse schließen. Es sei denn, es handelt sich, wie das Beispiel Neckermann im vorangegangen Abschnitt gezeigt hat, um einen Familiennamen als Unternehmensnamen, der als **Marke** des Versandhandels noch fest in den Köpfen einer eher älteren Zielgruppe verankert ist.

Domainhandel und Domainverkauf

Der Freisinger Kaffeegroßhändler Opag GmbH (heute, Stand Februar 2020, im Impressum als Kaffee.de GmbH geführt) kaufte 2017 über die Handelsplattform Sedo die Domain „kaffee.de" für 200.000 Euro, um dort einen Onlinemarktplatz für Kaffee, Kaffeemaschinen und Kaffeezubehör einzurichten. Ein Wertgutachten von Sedo taxierte die Domain sogar auf 300.000 Euro (Vogel 2017). Der letztendlich zu zahlende Preis für einen Domaininhaberschaftswechsel ist jedoch immer das Ergebnis der Verhandlungen zwischen Anbieter und Nachfrager, die durch die maximale Zahlungsbereitschaft des Käufers und der Mindesthöhe eines zu erzielenden Verkaufspreises durch den Verkäufer geprägt sind.

Ungeachtet weniger in zweistelliger Millionenhöhe verkaufter Domains liegt der **Durchschnittspreis** für eine Domain mit dem Länderkürzel .de auf dem Sekundärmarkt Handelsplattform laut Sedo seit einigen Jahren relativ konstant bei etwa 1000 Euro (Sedo 2019). Bad.de ist mit einem Verkaufspreis von 119.000 EUR der teuerste veröffentlichte **Domainkauf** unter der deutschen Endung .de im Jahr 2018 (Sedo

2019). Der höchste öffentlich bekanntgemachte Kauf einer .de-Domain war kredit.de mit einem Verkaufswert von 892.500 Euro im Jahr 2008 (Zimmer 2008).

> **Domainverkäufe bei eBay**
> Auch beim Internetauktionshaus eBay findet sich unter Suchbegriffen wie „Domains oder Internet Domains" Angebote für den Kauf oder die Ersteigerung von Domains, bei mehrtägigen Recherchen im Januar und Februar 2020 zeigte sich dort bei den Verkaufsangeboten sowohl beim Sofortkauf wie auch bei den Versteigerungen nur eine sehr verhaltene Nachfrage.

Das **Gesamtmarktvolumen** des Domainhandels lässt sich kaum valide erschließen. Bei den Direktgeschäften wird häufig Stillschweigen unter den beteiligten Parteien mit einer vertraglichen **Geheimhaltungsklausel** vereinbart. Die Gründe sind verschieden. Das Versäumnis, eine begehrte Domain rechtzeitig registriert zu haben, soll nicht zu hämischen Kommentierungen durch Dritte führen, auch die Konkurrenz soll aus dem Kaufpreis marktrelevanter Domains keine Rückschlüsse auf die Bedeutung bestimmter Gattungsbegriffe ziehen, die gegebenenfalls erst zu einem späteren Zeitpunkt aktiv für die Vermarktung neuer Produkte oder Leistungen genutzt werden sollen. Man kann davon ausgehen, dass die teuersten Domainkäufe zu einem überwiegenden Teil mit einer **Geheimhaltungsvereinbarung** abgeschlossen wurden, da eine öffentliche Aufmerksamkeit von beiden Parteien nicht erwünscht ist. Nichtsdestotrotz geraten immer wieder durch „**Leaks**" auch Domainkäufe prominenter Unternehmen an die Öffentlichkeit. Die Medien publizieren regelmäßig die höchsten ihnen (bekanntgewordenen) Transaktionen. Die Domainhandelsplattform Sedo veröffentlicht jedes Jahr ihre Top Ten der höchsten deutschen Domainverkäufe.

> **Ihr Transfer in die Praxis**
> - Überlegen Sie, ob inaktive Domains zukünftig noch genutzt werden und falls nicht, überprüfen Sie, ob diese ein Potenzial für die gewinnbringende Veräußerung darstellen.
> - Erstellen Sie eine Liste mit bereits von Dritten registrierten Wunschdomains. Monitoren Sie regelmäßig den Sekundärmarkt, ob diese zum Kauf angeboten werden.
> - Registrieren Sie sich auf relevanten Domainhandelsplattformen, damit Sie schnell auf Verkaufsangebote reagieren können.
> - Recherchieren Sie regelmäßig die Mitteilungen über die Eröffnung von Insolvenzverfahren und prüfen Sie, ob diese Unternehmen im Besitz für Sie interessanter Domains sind.

Literatur

Bachmann, A. (2019). Domain Management: Verwalten Sie Ihre Domains (noch) selbst? https://blog.adacor.com/domain-management-verwalten-sie-ihre-domains-noch-selbst_4357.html. Zugegriffen am 04.11.2019.

Bardehle Pagenberg. (2014). Recht der Domainnamen. https://www.bardehle.com/fileadmin/Webdata/publications/Recht_der_Domainnamen.pdf. Zugegriffen am 27.01.2020.

Creditreform. (2019). Insolvenzen in Deutschland. https://www.creditreform.de/fileadmin/user_upload/central_files/News/News_Wirtschaftsforschung/2019/insolvenzen-deutschland-2019/Creditreform-Analyse-Insolvenzen-Deutschland-2019.pdf. Zugegriffen am 24.01.2020.

Dingeldey, D. (2011). Der wahre Wert der eigenen Domain. https://domain-recht.de/domain-handel/domain-bewertung/tipps-der-wahre-wert-der-eigenen-domain-12140.html. Zugegriffen am 31.01.2020.

Hofmann, A. (2012). Otto kauft Neckermann-Online-Marke. https://www.gruenderszene.de/allgemein/otto-neckermann-marke. Zugegriffen am 18.02.2019.

Kubiv, H. (2017). Apple kauft Domain. iCloud.net. https://www.macwelt.de/a/apple-kauft-domain-icloud-net,3395928. Zugegriffen am 24.01.2020.

Reidel, M. (2009). Otto übernimmt Quelle-Markenrechte. https://www.horizont.net/marketing/nachrichten/-Otto-uebernimmt-Quelle-Markenrechte-88297. Zugegriffen am 18.02.2019.

Schmied, I. (2017a). Die Domain ist handelbar. https://www.haufe.de/finance/buchfuehrung-kontierung/homepage-und-domain-was-muss-im-rechnungswesen-beachtet-werden/die-domain-ist-handelbar_186_163364.html. Zugegriffen am 18.11.2019.

Schmied, I. (2017b). Die Domain als Teil des Anlagevermögens. https://www.haufe.de/finance/buchfuehrung-kontierung/homepage-und-domain-was-muss-im-rechnungswesen-beachtet-werden/die-domain-als-teil-des-anlagevermoegens_186_163362.html. Zugegriffen am 18.11.2019.

Schobelt, F. (2018). Wortmarken und Internetdomains. Marken von Air Berlin werden verkauft. https://www.wuv.de/marketing/marken_von_air_berlin_werden_verkauft. Zugegriffen am 04.11.2019.

Sedo. (2019). Die teuersten Domainverkäufe in 2018. https://sedo.com/de/ueber-uns/news-presse/newsroom/das-waren-die-teuersten-domainverkaeufe-in-2018/. Zugegriffen am 24.01.2020.

Styler, J. (2019). Die teuersten Domainnamen der Welt. https://de.godaddy.com/blog/die-25-teuersten-domainnamen-der-welt-so-viel-kosten-sie/. Zugegriffen am 24.01.2020.

Thiele, C. (2003). Internet Domains in der Insolvenz. http://www.eurolawyer.at/pdf/Domains_Insolvenz.pdf. Zugegriffen am 24.01.2020.

Vogel, K. (2017). 200.000 Euro für Kaffee.de. Freisinger OPAG kauft teure Webadresse, um einen Online-Marktplatz einzurichten. https://www.sueddeutsche.de/muenchen/freising/investition-200-000-euro-fuer-kaffee-de-1.3653481. Zugegriffen am 31.01.2020.

Vogelsang, T., & Blechschmidt, B. (2007). Zusammenhänge zwischen Domain- und Markenbewertung. In K. Backhaus & T. Hoeren (Hrsg.), *Marken im Internet* (S. 196–214). München: Vahlen.

Zimmer, D. (2008). Unister kauft Kredit.de. https://www.internetworld.de/technik/medien/unister-kauft-kredit.de-258356.html. Zugegriffen am 31.01.2020.

8

Das Management von Domains

> **Was Sie aus diesem Kapitel mitnehmen**
> - Warum das Domainmanagement in eine strategische und operative Komponente differenziert wird
> - Welche strategischen Implikationen dem Domainmanagement zugrunde liegen
> - Welche Domainstrategien der Internationalisierung für in ausländische Märkte expandierende Unternehmen zu unterscheiden sind
> - Was Unternehmen bei der Schaffung organisatorischer Strukturen und prozessualer Abläufe für das Domainmanagement beachten müssen
> - Wie die operativ-administrativen Aufgaben intern und/oder extern ausgestaltet werden

Das Domainmanagement (Synonym: Domain Name Management) wird bei einer immer stärker wachsenden Anzahl an Domains gerade in Großunternehmen zu einem komplexen Kosten- und Organisationsfaktor. Der **Domainbestand** steigt stetig an, in international oder global agierenden Großunternehmen mit einem breit gefächerten Produkt- und

Leistungsportfolio erreicht die Zahl registrierter Domains schnell drei- bis vierstellige Werte. Die Gesamtheit der registrierten Domains stellt einen **Vermögenswert** dar, den es zu pflegen gilt. Das Domainmanagement wird in vielen Unternehmen vernachlässigt, weil es vom Personal als monotone Verwaltungsaufgabe gesehen wird. Ein mehr oder weniger strukturiertes Domainmanagement ist bei häufig wechselnden personalen Zuständigkeiten über die Jahre irgendwie gewachsen. Oft sind verschiedene Mitarbeiter zuständig, aber keiner scheint verantwortlich (DNTrust 2019). Der Domainbestand ist bei vielen Unternehmen nicht transparent und dezentral auf mehrere Organisationseinheiten im In- und Ausland verteilt. Zu differenzieren ist das Domainmanagement in eine strategische (Abschn. 8.1) und eine operative Komponente (Abschn. 8.3). Im Rahmen der Internationalisierung ist die Adressierung der Länderversionen, Ländershops und Landesgesellschaften bzw. Auslandsniederlassungen festzulegen (Abschn. 8.2).

8.1 Strategisches Domainmanagement

Basis für den Aufbau und die Etablierung eines strategischen Domainmanagements ist die Transparenz über den aktuellen Domainbestand. Dieser wächst über die Jahre kontinuierlich an, wenn ein Unternehmen regelmäßig in neue Geschäftsfelder investiert, seine regionalen Absatzmärkte erweitert und neue Produkte und Dienstleistungen entwickelt. Mit jeder Erweiterung und Neuausrichtung der Produkt- und Leistungspalette geht es auch um die zielgruppengerechte Vermarktung über Onlinepräsenzen und den Onlinevertrieb, für deren Zweck neue Domains registriert werden müssen. Auf der anderen Seite verlieren im Laufe der Zeit registrierte Domains ihre Relevanz für das Unternehmen, sei es, dass Produkte aus dem Sortiment eliminiert wurden oder Leistungen nicht mehr angeboten werden. Eine Reduzierung des Domainportfolios mit einer Veräußerung nicht mehr benötigter Domains sollte jedoch erst nach einer eingehenden Prüfung erfolgen, wenn auch in langfristiger Perspektive Domainnamen nicht mehr genutzt werden. Die optimale Zusammensetzung des unternehmensspezifischen **Domainportfolios** ist mit einem regelmäßigen **Domainaudit** zu evaluieren (DNTrust 2019).

Ein strategisches Domainmanagement ist sicher nicht die höchstpriorisierte Topmanagement-Aufgabe, gleichwohl aber in der Verantwortung sinnvollerweise anzusiedeln auf einer Leitungsebene im Marketing, Vertrieb und Produktmanagement. Entscheidungsfelder des Domainmanagements sollten auf **Strategiemeetings** in Marketing und Vertrieb diskutiert werden. Gerade die Neuproduktentwicklung verlangt eine frühzeitige Abstimmung über künftige Marken- und Produktkennzeichnungen, damit vorausschauend neue Domainnamen unter wichtigen länderspezifischen und generischen TLDs registriert werden. Dies gilt ebenso für anstehende Entscheidungen über Unternehmensneugründungen, Unternehmensübernahmen oder Joint Ventures. Der Vorbeugung, Entdeckung und Bekämpfung von **Markenmissbrauch** kommt auf strategischer Ebene ebenfalls eine hohe Bedeutung zu. Die Risiken langwieriger und kostspieliger Rechtsstreitigkeiten sollten schon präventiv durch Maßnahmen des Markenschutzes minimiert werden.

> **Merke!**
> Domains sind immaterielle Vermögenswerte. Als solche sollten sie auch im Unternehmen gepflegt werden. Ein strategisches Domainmanagement fördert das Bewusstsein, diese Vermögenswerte nachhaltig zu sichern.

Die organisatorische **Effizienz** und **Effektivität** der administrativen Aufgabenerfüllung sollte regelmäßig evaluiert werden. Das Domainmanagement ist ein **Kostenfaktor**, es entsteht Aufwand durch die für die interne Aufgabenerledigung bereitgestellten personellen Kapazitäten. Des Weiteren entstehen Kosten für die Administration der Domains in Form von **Registrierungsgebühren** und laufenden **Nutzungsgebühren**. Ein professionelles Domainmanagement zeichnet sich dadurch aus, dass ein Budget aufgesetzt wird und die **Gesamtkosten**, sowohl die **Personalkosten** wie auch die **Sachkosten**, jederzeit transparent sind. Erfolgreich umgesetzte Maßnahmen zur Effizienzsteigerung lassen sich dann auch an einem kostenoptimierten **Budget** messen.

In hochgradig diversifizierten Großunternehmen oder Konzernverbünden mit einer Vielzahl an Geschäftsfeldern, Märkten und Standorten müssen die Vorteile und Nachteile eines zentralen oder dezentralen Domainmanagements abgewogen werden. Ein **zentrales Domainmanagement** (Corporate Domainmanagement) bei dezentral organisierten Unternehmen bietet den Vorteil einer konsolidierten Sicht auf den konzernweiten Domainbestand. Durch eine **Aufgabenkonzentration** in der Zentrale können die operativen Einheiten in den Landesgesellschaften von administrativen Aufgaben des Domainmanagements entlastet werden. Aber auch bei einer dezentralen Aufgabenverteilung ist es sinnvoll, alle konzernweit registrierten Domains in einer zentral verwalteten und konsolidierten **Datenbank** zu erfassen (DNTrust 2019). Die seit 2014 gewachsene Vielschichtigkeit der Domainlandschaft mit der massenweisen Einführung von neuen TLDs zwingt die Unternehmen, auch auf der Top-Level-Domainebene regelmäßig den Nutzen der Registrierung neuer Domainendungen zu bewerten. Diese neue Vielfalt macht es nicht gerade einfacher, den Überblick zu behalten und entscheidungskritische Informationen rechtzeitig zu verarbeiten (Dürrmeier 2019).

> **Merke!**
> Strategisches Handeln bedeutet Antizipieren und vorausschauendes Agieren. Eine klar formulierte Strategie bildet die Basis für die Delegation der administrativen Aufgaben in das operative Domainmanagement.

Das Unternehmen sollte überdenken, die Namensdomains prominenter **Führungskräfte** zu sichern oder diese anzuweisen, selber eine Registrierung vorzunehmen. Gerade bei in der Öffentlichkeit stehenden Führungskräften wie **Geschäftsführer** oder **Vorstandsmitglieder** eines globalen Konzerns sollte eine missbräuchliche Registrierung und Nutzung von Namensdomains vermieden werden. Unbefugte Dritte könnten diese sonst zur Verbreitung gefälschter Unternehmensnachrichten nutzen.

8.2 Domainstrategien der Internationalisierung

Mit der Gründung eines Start-ups in Deutschland wird zuerst versucht, die .de ccTLD und idealerweise auch die .com gTLD unter der gleichen **Namenskonvention** zu registrieren. Damit wäre eine kommerzielle Adressierung und ein geografischer Herkunftsnachweis hinterlegt (Deges 2020, S. 163). Soll nicht nur Deutschland, sondern der erweiterte deutschsprachige Raum adressiert werden, empfiehlt sich die Registrierung der Länderdomains der **DACH-Region**, also neben der .de ccTLD auch die .at ccTLD für Österreich und die .ch ccTLD für die Schweiz. Bei der Namensfindung muss auch geprüft werden, ob der gegebenenfalls zuerst nur für den deutschsprachigen Markt kreierte Name internationalisierungsfähig ist. Im internationalen Kontext negative Konnotationen, Assoziationen oder Verballhornungen des Domainnamens sollten vorab überprüft werden (siehe zur Namensfindung Abschn. 5.1). Die spätere Änderung eines bereits im Markt etablierten Namens ist mit finanziellem und organisatorischem Aufwand verbunden (Deges 2020, S. 163).

> **Fehleinschätzung der Internationalisierungsfähigkeit des Domainnamens**
>
> Im Jahr 2006 erfolgte die Umbenennung des Community-Netzwerks OpenBC (Open Business Club) in Xing. Der ursprüngliche Name eignete sich nur begrenzt für die Expansion in andere Kultur- und Sprachräume. Zudem wurde „BC" häufig als „Before Christ" interpretiert und damit in einen anderen Bedeutungszusammenhang gestellt. Die Bezeichnung als Business Club entsprach nicht mehr den aktuellen Nutzerprofilen und erschwerte die Zielgruppenansprache. Der Begriff „Xing" steht im chinesischen Sprachraum für eine optimistische „can do" Einstellung (Xing 2006). Im Jahr 2019 erfolgte eine Umbenennung der Unternehmensholding in New Work SE, wobei das Community-Netzwerk unter dem Namen Xing weitergeführt wird (Xing 2019).

Im Rahmen der Internationalisierung ist die Adressierung der Ländershops und Landesgesellschaften festzulegen. Wie Abb. 8.1 veranschaulicht, können mit der Multidomain-, Singledomain- und Subdomainstrategie

> **Multidomain (länderspezifische Websites)**
> Für jedes Zielland wird eine eigene länderspezifische Domain registriert
> - Vorteil: dezentrale Steuerung; individuellere Gestaltung der Onlineshops
> - Nachteil: hoher administrativer Pflegeaufwand; Einzelregistrierung der Länderdomains
>
> **Beispiel Zalando:**
> www.zalando.fr; www.zalando.it; www.zalando.at; www.zalando.se; .....

> **Singledomain (zentrale Website mit länderspezifischen Unterverzeichnissen)**
> Über eine Hauptdomain werden Länderversionen über Folder (Unterordner) gesteuert
> - Vorteil: höherer Kontrollgrad durch zentrale Steuerung, einheitliches Design
> - Nachteil: geringerer Anpassungsgrad an regionale und lokale Besonderheiten
>
> **Beispiel Ikea:**
> www.ikea.com/fr; www.ikea.com/it; www.ikea.com/at; www.ikea.com/se; .....

> **Subdomain (zentrale Website mit zugeordneten länderspezifischen Websites)**
> Länderversionen werden über ein unternehmenseigenes DNS gesteuert
> - Vorteil: zentrale Steuerung, einfache Administration, zentrales Hosting
> - Nachteil: geringerer Anpassungsgrad an regionale und lokale Besonderheiten
>
> **Beispiel Tommy Hilfiger:**
> fr.tommy.com; it.tommy.com; at.tommy.com; se.tommy.com; .....

Abb. 8.1 Domainstrategien der Internationalisierung (Adaptiert nach Deges 2020, S. 164; mit freundlicher Genehmigung von © Springer Gabler 2020, All Rights Reserved)

drei grundlegende **Domainstrategien** unterschieden werden (Stallmann und Wegner 2015, S. 215 ff.).

Ist die Unternehmensvision auf eine künftige Internationalisierung ausgerichtet, so werden bei einer **Multidomainstrategie** weitere Länderendungen für die potenziellen Absatzmärkte registriert, damit der Onlineshop unter einem einheitlichen Domainnamen international vermarktet werden kann (Kollmann 2016, S. 193). Schwierig wird es, wenn das Unternehmen feststellt, dass ein Dritter, ein Wettbewerber oder ein Domaingrabber, den Domainnamen in einigen Ländern bereits registriert hat und nutzt. Mit dem Aufbau von Landesauftritten geht auch die

Frage nach den **Sprachversionen** einher, die den jeweiligen internationalen Websites hinterlegt werden. Unter der .com gTLD wird meist eine englischsprachige Version der Website erwartet.

Die ausgewählte Domainstrategie der Internationalisierung hat Auswirkungen auf die optimale Platzierung der länderspezifischen Websites in den **Suchmaschinen**. Ein hohes **Ranking** ist ein wichtiger Faktor für die Generierung von Besucherfrequenz, gerade wenn es um die Gewinnung von Neukunden geht und die lokalen Wettbewerber eine starke Marktposition innehaben. Bei der **Multidomainstrategie** steht jede länderspezifische Website für sich und wird vom Google Ranking nach ihrer individuellen **Domainpopularität** bewertet, die sich aus verschiedenen Faktoren wie unter anderem externe Verlinkungen (**Backlinks**), die kontext- und keywordbezogene Seitengestaltung, die Geschwindigkeit des mobilen Seitenaufrufs (**Speed Update**) und der Präsenz und Interaktion in sozialen Netzwerken (**Social Signals**) zusammensetzt. Das Ranking der länderspezifischen Websites ist somit abhängig davon, dass jede einzelne Website auch im Kontext der **Suchmaschinenoptimierung** gepflegt werden muss. Häufig finden sich auf den länderspezifischen Websites mit einer starken Marktpräsenz eine hohe Anzahl an Verlinkungen, in kleinvolumigeren und daher für das Unternehmen eher sekundären Absatzmärkten hingegen finden sich auf den länderspezifischen Websites oftmals eine schwache Verlinkung, wenn diese nicht mit der gleichen Intensität wie die Kernmärkte gepflegt werden. Da bei der Multidomainstrategie jede Website für sich gerankt wird und die schwächer verlinkte nicht von der stärker verlinkten Website profitieren kann, bezeichnet man dieses Vorgehen auch als „**Einzelkämpfer-Modell**" (Hövener 2018). Bei der Singledomain- und der Subdomainstrategie hingegen profitieren die länderspezifischen Unterseiten von der Attraktivität der Hauptdomain mit seinen vielen externen Verlinkungen. Da keine der drei Strategien als Königsweg hervorsticht, empfiehlt sich eine sogenannte „**Hybrid-Lösung**". Für den Kernmarkt nutzt man eine länderspezifische Hauptdomain, beispielsweise die .de ccTLD für den Hauptabsatzmarkt Deutschland. Die anderen Märkte werden mit einer .com gTLD über eine Singledomain- oder Subdomainstrategie gebündelt (Hövener 2018).

8.3 Operatives Domainmanagement

Das operative Domainmanagement ist ein vornehmlich administratives Aufgabenbündel, welches entweder unternehmensintern organisiert und/oder teilweise bzw. allumfassend an einen Dienstleister übertragen wird. Die administrativen Tätigkeiten beziehen sich zum einen auf die Verwaltung des bestehenden Domainportfolios, seiner Erweiterung durch die Registrierung neuer Domains und seiner Reduzierung mit der Löschung nicht mehr benötigter Domains.

Ein effizientes und effektiv gestaltetes operatives Domainmanagement basiert auf der vollständigen Transparenz über den tagesaktuellen Bestand an registrierten Domains. Dieses idealerweise in einer Datenbank konsolidierte **Domainportfolio** steht dafür, dass auch bei einem Wechsel der Zuständigkeiten und Verantwortlichkeiten ein umfassender Überblick für neu einzuarbeitende Mitarbeiter vorliegt. Eine nutzerfreundliche **Domaindatenbank** bietet eine übersichtliche Verwaltungsoberfläche mit einfach zu bedienenden Funktionen. Die im Domainmanagement involvierten Personen müssen mit Lese- und Schreibrechten ausgestattet sein, dies muss regelmäßig im System aktualisiert werden. **Prozessdokumentationen** und **Aufgabenbeschreibungen** schaffen eine abteilungsübergreifende Transparenz über die administrativen Abläufe des Domainmanagements. Sie stehen für transparente Strukturen, klare Verantwortlichkeiten und eindeutige Zuständigkeiten. Sie sorgen gerade in dezentralen Unternehmensorganisationen dafür, dass sich nicht die eine auf die andere Abteilung verlässt und zeitkritische **Deadlines** missachtet werden. Ein einmal erstelltes **Nutzerhandbuch** erleichtert bei krankheitsbedingten Ausfällen der zuständigen Mitarbeiter eine schnelle Einarbeitung der Vertretungspersonen.

Im **operativen Domainmanagement** fallen verschiedene administrative und IT-technische Aufgaben an:

- Die Vorreservierung und Registrierung von Domains
- Die Kündigung von Domains
- Die Inaktivsetzung von Domains, indem die Verknüpfung mit der durch die Domain verbundenen Website getrennt wird

- Die laufenden Gebührenzahlungen an die jeweiligen Domain Name Registries zur Verlängerung der Vertragslaufzeit registrierter Domains
- Die Aktualisierung der Domaininhaberdaten in den Datenbanken der Domain Name Registries. Der Domaininhaber ist dafür verantwortlich, dass die Adress- und Kontaktdaten sowie die Benennung des Ansprechpartners korrekt und aktuell sind. Falsche oder fehlende Angaben berechtigen Domain Name Registries zur Kündigung des Domainvertrages
- Einhaltung der EU-DSGVO-Richtlinien im Umgang mit personenbezogenen Daten bei der Pflege von Datenbank-Einträgen
- Die Pflege und Aktualisierung des Domainportfolios in der unternehmenseigenen Datenbank
- Die administrative Durchführung eines Domaininhaberwechsels, wenn zum Beispiel eine Domain an- oder verkauft wird
- Die Durchführung eines Providerwechsels. Mit einem Domaintransfer wird eine Domain zu einem anderen Domain Name Registrar übertragen
- Domain Name Monitoring: Regelmäßige Beobachtung des Domainmarktes und Pflege eines aktuellen Überblicks aller in den unternehmensrelevanten Märkten verfügbaren länderspezifischen und generischen TLDs
- Laufende Überwachung sich ändernder Rahmenbedingungen, beispielsweise aktualisierte Richtlinien und Formvorschriften der Domain Name Registries
- Das Monitoring der Veränderungen in der Domainlandschaft durch die Einführung neuer TLDs und bei Bedarf Anmeldungen zu Sunrise Periods oder Landrush Periods
- Brand Monitoring: Prüfung von Markenmissbrauch und Markenrechtsverletzungen, indem kontinuierlich Domainanmeldungen ausgewählter markenrelevanter Keywords und damit konnektierte Websites auf eine wettbewerbswidrige und damit unerlaubte Registrierung durch Dritte gescannt werden
- Die Verwaltung der Dispute-Einträge, insbesondere die Verlängerung über ein Jahr hinaus, falls die rechtliche Auseinandersetzung mit dem Domaininhaber noch nicht abgeschlossen ist

Administrative Registrierungs-, Transfer- und Löschvorgänge können durch einen oder bei einem umfangreichen Domainbestand von mehreren mit dem Domainmanagement betrauten Mitarbeitern durchgeführt oder an **Internet Service Provider** ausgelagert werden. Unternehmen, wie beispielsweise Strato (www.strato.de), United Domains (www.united-domains.de), 1&1 (www.1und1.de), sowie eine Vielzahl weiterer Dienstleister bieten **Full-Service-Lösungen**. Die Zusammenarbeit mit Dienstleistern sollte allen im Domainmanagement involvierten Mitarbeitern bekannt sein, damit diese nicht in einem unkoordinierten Vorgehen verschiedene Dienstleister mit Registrierungsvorgängen beauftragen. Die Aufgabenerfüllung wird vereinfacht, wenn nur mit ausgewählten Dienstleistern zusammengearbeitet wird und dabei auch beim externen Partner **feste Ansprechpartner** für eine kundenindividuell-persönliche Betreuung definiert sind. Eine mögliche Option ist unter den Aspekten der Kostenoptimierung und Vereinfachung von Abstimmungs- und Genehmigungsprozeduren die Bündelung aller Aktivitäten des Domainmanagements auf nur einen oder wenige Dienstleister, mit denen jeweils attraktive Konditionenpakete ausgehandelt werden können. Dies reduziert **Komplexität** und geht in vielen Fällen mit einer **Kostensenkung** und **Effizienzsteigerung** einher. In technischer Hinsicht verantwortet meist ein Mitarbeiter aus der IT-Abteilung die Einrichtung neuer Domains, während die administrativen Verwaltungsvorgänge je nach Organisationsform von einem Mitarbeiter der Marketing-, Vertriebs-, Produktmanagement- oder einer E-Commerce-Abteilung bearbeitet werden.

Aus IT-Sicht ist eine sichere und hochverfügbare **DNS-Infrastruktur** ein essenzieller Bestandteil des operativen Domainmanagements (Bachmann 2019). Die IT-technischen Aufgaben beziehen sich unter anderem auf die Pflege der IP-Adressen, der DNS-Konfiguration und der DNS-Records, die Einrichtung und Pflege von Weiter- und Umleitungen (**URL-Redirects**), den Schutz der Domains gegen DoS- oder DDoS-Attacken sowie die Registrierung und Implementierung von **SSL-Zertifikaten** als **Verschlüsselungsprotokoll** für die Übertragung kundenbezogener Daten (Dürrmeier 2019).

8 Das Management von Domains

> **URL-Redirects**
>
> Als **URL-Redirect** oder Weiterleitung wird eine automatische Umleitung einer URL zu einer anderen URL bezeichnet. Es können **permanente** und **temporäre** Weiterleitungen eingerichtet werden. Die permanente Weiterleitung wird eingerichtet, um verschiedene vom Websitebetreiber registrierte Domains auf eine Homepage umzuleiten. Eine temporäre, meist kurzfristige Weiterleitung kann nötig sein, wenn ein Server gewartet, ausgetauscht oder verlagert wird. Ein URL-Redirect beeinträchtigt nicht die Usability der Internetanwendung, die automatische Weiterleitung wird vom Internetnutzer kaum wahrgenommen.

> **URL-Redirects bei einer Umfirmierung**
>
> Der Onlinebanking-Anbieter Consorsbank startete sein Dienstleistungsangebot unter dem Namen Consors. Spätere Umbenennungen führten 2002 zu Cortal Consors und seit 2014 zum heute gültigen Namen Consorsbank. Die alten Domains zu den ehemaligen Firmenbezeichnungen werden durch einen permanenten URL-Redirect auf consorsbank.de umgeleitet. Dies bedeutet, dass die Internetnutzer, so lange sie wollen, immer noch die alte gewohnte Domainadresse als Type-In eingeben können und dennoch auf den aktuellen Auftritt weitergeleitet werden.

Die Entscheidung, das Domainmanagement intern zu betreiben oder an einen Dienstleister auszulagern, ist durch die personellen Kapazitäten des Unternehmens determiniert. Während die Variante einer **Full-Service-Auslagerung** sowohl die administrativen wie auch IT-technischen Aufgaben umfasst, kann auch ein **Teiloutsourcing** eine Option sein, indem die administrativen Aufgaben im Unternehmen verankert, die IT-technischen Belange an den Internet Service Provider ausgelagert werden. Das **Outsourcing** des Domainmanagements hat den Vorteil, dass im Unternehmen kein **Know-how** für jedwede Details und Formalia des Domainmanagements aufgebaut und vorgehalten werden muss. Ein mit dem Domainmanagement beauftragter spezialisierter Dienstleister variabilisiert damit die **Personalkosten** des Einsatzes eines internen

Mitarbeiters durch seine **Leistungspauschalen** oder die fallweise Abrechnung von Aufgaben des Domainmanagements. Durch die Spezialisierung der Dienstleister auf das Domainmanagement ist zudem eine professionelle Betreuung des Unternehmens durch ein spezifisches **Expertenwissen** sichergestellt. Dies ist insbesondere vor dem Hintergrund wichtig, dass Fristen und Formalia strikt eingehalten werden müssen.

> **Merke!**
> Je größer und diversifizierter das Unternehmen, desto umfangreicher ist in der Regel der Domainbestand und desto anspruchsvoller seine Verwaltung. Je transparenter das Domainportfolio in einer Datenbank gepflegt wird, umso effizienter und effektiver lässt es sich administrieren.

Mit wachsendem Domainbestand steigen die **Komplexität** und der Zeitaufwand für die Verwaltung und Betreuung des Domain-Portfolios (Dürrmeier 2019). Dies gilt insbesondere bei international agierenden Unternehmen mit einer Vielzahl an länderspezifischen TLDs, für die in jedem Land eine andere **Domain Name Registry** verantwortlich zeichnet und unterschiedliche Vorgaben an einen Registrierungsvorgang stellt. Die Vorgaben sind strikt, je nach Domain Name Registry können dies umfangreiche **Formularsätze** sein, bei manchen kleineren Ländern kann es sein, dass die auszufüllenden Dokumente gegebenenfalls nur in der **Landessprache** zur Verfügung stehen. Häufig müssen den Antragsformularen noch diverse Unterlagen beigefügt werden. Eine Zusammenarbeit mit spezialisierten Dienstleistern kann gerade bei der Registrierung von eher exotischen ccTLDs effektiver sein als die unternehmensinterne Erledigung solcher Registrierungs- und Administrationsvorgänge (Bachmann 2019; Dürrmeier 2019).

Ihr Transfer in die Praxis

- Analysieren Sie die Effektivität und Effizienz des Domainmanagements in Ihrem Unternehmen.
- Schaffen Sie Transparenz, erstellen Sie einen Gesamtbestand ihrer registrierten Domains und überführen Sie diesen idealerweise in eine zentrale Datenbank.
- Erstellen Sie Ablaufpläne für das administrative Domainmanagement und definieren Sie strategische und operative Verantwortlichkeiten.
- Überprüfen Sie Stärken und Schwächen Ihres Domainmanagements nach dem Nutzen interner Delegation und externer Aufgabenerledigung und optimieren Sie die organisatorische Zuordnung von Zuständigkeiten.

Literatur

Bachmann, A. (2019). Domain Management: Verwalten Sie Ihre Domains (noch) selbst? https://blog.adacor.com/domain-management-verwalten-sie-ihre-domains-noch-selbst_4357.html. Zugegriffen am 04.11.2019.

Deges, F. (2020). *Grundlagen des E-Commerce. Strategien, Modelle, Instrumente.* Wiesbaden: Springer Gabler.

DNTrust. (2019). Domain Audit für Ihr Unternehmen. https://dntrust.com/leistungen/domain-audit/. Zugegriffen am 04.11.2019.

Dürrmeier, J. (2019). Wie Unternehmen ihre Domains effektiv managen. https://blog.adacor.com/domains-effektiv-managen_5732.html. Zugegriffen am 04.11.2019.

Hövener, M. (2018). Internationale SEO-Präsenz: Domain-Strategie als Basis. https://www.internetworld.de/online-marketing/seo/internationale-seo-praesenz-domain-strategie-basis-1553256.html. Zugegriffen am 07.01.2020.

Kollmann, T. (2016). *E-Entrepreneurship.* Wiesbaden: Springer Gabler.

Stallmann, F., & Wegner, U. (2015). *Internationalisierung von E-Commerce Geschäften.* Wiesbaden: Springer Gabler.

Xing. (2006). Pressemeldung: openBC wird Xing. https://corporate.xing.com/de/newsroom/pressemitteilungen/meldung/openbc-wird-xing/. Zugegriffen am 18.02.2019.

Xing. (2019). Pressemeldung: Die XING SE wird zur New Work SE. https://www.new-work.se/de/newsroom/pressemitteilungen/meldung/die-xing-se-wird-zur-new-work-se/. Zugegriffen am 30.01.2020.

Fazit und Ausblick

Das Domainmanagement ist und bleibt trotz des hohen administrativ-operativen Aufgabenanteils eine auch strategisch anspruchsvolle Aufgabe, wenn das Unternehmen über einen hohen Domainbestand verfügt und immer wieder vor der Aufgabe steht, neue Domainnamen für Marken, Produkte und Dienstleistungen zu gestalten. Unternehmen sollten diesen Herausforderungen durch klare Strukturen und transparente Abläufe Rechnung tragen, um mehr präventiv als reaktiv zu agieren. Das Domainmanagement wird auch in den nächsten Jahren an Komplexität gewinnen und jedes Unternehmen tut gut daran, die damit verbundenen Aufgaben effizient und effektiv zu koordinieren. Dies gilt gleichermaßen für die Organisation einer unternehmensinternen Lösung wie auch für die Koordination der externen Dienstleister bei den ausgelagerten operativ-administrativen Tätigkeiten. Start-ups müssen den Ideengenerierungsprozess für die Gestaltung von Domainnamen in ihrem Gründungskonzept voranstellen, um über einen einprägsamen und internationalisierungsfähigen Namen sukzessive eine E-Brand aufbauen zu können.

Auch für etablierte Unternehmen mit Erfahrungen im Domainmanagement bleibt die Namensfindung bei einer immer weiter zunehmenden Verdichtung des Domainnamensraumes bei populären Top-Level Domains eine latente Herausforderung.

The manufacturer's authorised representative in the EU is Springer Nature Customer Service Centre GmbH, Europaplatz 3, 69115 Heidelberg, Germany. If you have any concerns regarding our products, please contact ProductSafety@springernature.com

Printed and bound by CPI Group (UK) Ltd, Croydon, CR0 4YY
25/03/2026
02078224-0004